Feminino / Masculino

PSICANÁLISE PASSO-A-PASSO
Direção: Marco Antonio Coutinho Jorge

Ver lista de títulos no final do volume

Maria Cristina Poli

Feminino / Masculino

A diferença sexual em psicanálise

ZAHAR

Jorge Zahar Editor Ltda.
rua Marquês de S. Vicente 99 – 1º | 22451-041 Rio de Janeiro, RJ
tel (21) 2529-4750 | fax (21) 2529-4787
editora@zahar.com.br |www.zahar.com.br

Composição: TopTextos Edições Gráficas Ltda.
Capa: Sérgio Campante

CIP-Brasil. Catalogação-na-fonte
Sindicato Nacional dos Editores de Livros, RJ

Poli, Maria Cristina
P823f Feminino/masculino / Maria Cristina Poli. — Rio de Janeiro: Zahar, 2007.
(Passo-a-passo; v.76)

Inclui bibliografia
ISBN 978-85-7110-995-7

1. Sexo — Diferenças. 2. Identidade sexual. 3. Feminilidade. 4. Masculinidade. 5. Relações homem-mulher. I. Título. II. Série.

CDD 155.3
07-1599 CDU 159.922.1

Sumário

Introdução

Foi-se o tempo em que ser mulher ou homem bastava para que um determinado número de atributos fosse conferido. "Aos homens o trabalho, às mulheres a cozinha"; "aos varões o dinheiro, às fêmeas os filhos". Essas e outras, se não deixaram de ser assertivas verdadeiras, ao menos foram bastante amenizadas em sua incidência social e subjetiva.

Um século de psicanálise e feminismo nos separa do mundo de outrora — descoberta do inconsciente de um lado, queima de sutiãs de outro. O levantamento do recalque do desejo sexual também teve efeito de sublevação da censura à qual o universo feminino estava submetido. Campos muitas vezes antagônicos, nas vozes de seus principais atores — Freud e feministas —, o fato é que também a psicanálise contribuiu para a legitimação do desejo de liberação das mulheres oprimidas. Reconhecer à histérica o valor de sua palavra, ato fundador da psicanálise, incidiu diretamente na autenticação da expressão do desejo sexual de metade da população, até então fadada a ocupar exclusivamente a posição de objeto do desejo masculino.

O impacto da revolução feminista é fundamental para que se entenda a diferença sexual tal como ela se apresenta para nós hoje. Também para que possamos repensar, a partir das premissas estabelecidas por Freud, as condições de sexuação do desejo. Passados mais de 100 anos da invenção da psicanálise, as considerações de seu fundador sobre a sexualidade feminina continuam sendo o principal ponto de embate e resistência para a difusão da psicanálise na cultura. Facilmente se esquece que foi também, e sobretudo, a escuta do sofrimento das mulheres de seu tempo que levou Freud a inventar a psicanálise.

A questão hoje, no entanto, aparece deslocada: conseguimos até mesmo rir de muitas das considerações de autores dos séculos XVIII e XIX sobre a desigualdade sexual. Saudoso Rousseau com suas escolas modelares para moças e rapazes. Saudoso Hegel, que, buscando na natureza o fundamento do estado de direito, atribui à mulher o estado vegetal e ao homem o estado animal. Aprendemos, salutarmente, a fazer ouvidos moucos e relevar essas falhas presentes em tão sábios homens. Tais mostras de misoginia escrachada viraram piada, o que indica que felizmente perderam muito do seu poder literal.

O que não lhes perdoamos, e daí ainda nosso ressentimento, é a certeza que pareciam ter sobre a dita diferença sexual, a marca definitiva que poderia nos auferir uma inquestionável identidade feminina ou masculina. Quando a obra de Freud surge, e com ela a psicanálise, a cultura ocidental já perdeu muitas de suas certezas pré-modernas. A vida privada e a construção das identidades singulares passaram a ser a regra, delegando uma certa liberdade de escolha aos indivíduos. Ser homem ou ser mulher também se torna uma "decisão pessoal". É preciso produzir ativamente as insígnias de pertença a um desses dois grupos. Ou, então, fundar outros: as identidades gays, lésbicas, transgêneros etc. estão na pauta do dia, recusando-se ao enquadramento na tradicional ordem sexual. Recentemente, na revista *Veja*, anunciava-se a criação de um novo gênero: os assexuais. Eles promulgam a liberdade ao não-desejo sexual. Querem ser virgens e poder orgulhar-se disso sem precisar passar por constrangimentos.

A psicanálise, por sua vez, demonstra que tal liberdade de escolha é ilusória e Freud chama de inconsciente o que os antigos denominavam destino. É fato que as relações humanas ainda são regidas, sobretudo, pelo mito platônico: por castigo dos deuses, furiosos com nossas pretensões onipotentes, cada um de nós perdeu a sua metade e anda por aí, como *puzzles* automoventes, ao seu encalço. Uma rápida observação em uma tarde de domingo permite averiguar que aqueles que encontraram a dita "cara-metade" (ou uma de suas versões) — que representa grande parcela da população — passeia, preferencialmente, exibindo sua dupla.

Nessa busca, não há nenhuma liberdade, pautamo-nos pelas identificações primárias, que têm na família o seu berço primordial. Pai e mãe seriam, então, os referentes últimos da diferença? Como veremos a seguir, de certo modo a noção freudiana de complexo de Édipo interpreta essa faceta da cultura que sobrepõe mulher e homem às figuras parentais. Também aí, no entanto, os avanços da ciência nos últimos 50 anos contribuíram enormemente para a queda das certezas. Com o advento de eficazes métodos contraceptivos as mulheres se viram livres para o exercício do sexo sem precisar, inexoravelmente, incluir o desejo de maternidade. Liberdade igualmente aos homens que podem usufruir do sexo com quem amam, sem que a cena familiar se imponha imperiosa.

Ao lado da religião e da arte, já vaticinava Freud na década de 1930, a ciência dirige as condições de representação do ser humano. Não impressiona, portanto, que o próprio desejo sexual possa ser afetado por suas descobertas e invenções. É com a ciência, por exemplo, que aprendemos que XX ou XY são as letras que definem geneticamente nosso sexo, a nossa "mínima diferença", conforme a bela expressão da psicanalista Maria Rita Kehl. Palavras e símbolos que tentam dar conta do enigma da sexualidade. Sempre insuficientes, mantêm contínua a ansiada busca pelo referente último da diferença.

O trabalho de escuta clínica, que mantém viva a experiência psicanalítica há mais de 100 anos, tem muito a dizer nesse domínio. Não como um saber *a priori* que sempre será, por princípio, dogmático. O que autoriza o psicanalista a falar da sexualidade humana é aquilo que os pacientes nos fazem testemunhar. Assim, se a diferença sexual constitui um referente para a existência coletiva, cabe interrogar sua função na enunciação do desejo inconsciente; se é inegavelmente um suporte do discurso (que em psicanálise denominamos de Outro), quais seriam as condições de sua singularização? Haveria sujeito homem e sujeito mulher?

A diferença sexual está na berlinda. Indaguemos seus propósitos.

A anatomia como destino

Quais são as condições para que alguém possa afirmar verdadeiramente "eu sou homem" ou "eu sou mulher"? A questão é aparentemente simples; cada um de nós se reconhece imediatamente como pertencendo a um desses dois enunciados. Isso porque nós nos pautamos, na afirmação de nossa identidade sexual, por um único referente: a anatomia. O que, contudo, não deixa de apresentar problemas. Se a correspondência anatômica bastasse para que pudéssemos aceder a uma posição sexuada, não passaríamos a vida nos indagando sobre o que significa afinal "ser homem" ou "ser mulher"; não padeceríamos do sofrimento de que, em relação ao sentido sexual de nossos atos, nunca sabemos bem como será acolhido e significado pelo Outro. Padecemos, neuróticos que somos, da tentativa de construir uma imagem que possa corresponder ao que supomos ser um homem ou ser uma mulher. Apelamos à anatomia, mas ela não é suficiente para nos proteger da questão "o que o Outro quer de mim?".

Em um determinado momento de seu trabalho, Freud também tentou resolver a questão da significação sexual com o recurso da anatomia. Em um período já avançado de sua obra, no texto de título sugestivo — "Algumas conseqüências psíquicas da diferença anatômica entre os sexos" —, ele propõe a anatomia genital como o fundamento natural sobre o qual se apóia a sexualidade infantil na definição de seus destinos a partir do complexo de Édipo. A constatação proprioceptiva — visual, sobretudo — da presença ou ausência do pênis seria o marco referencial para a assunção de uma posição subjetiva nas várias instâncias da vida. Freud denomina de *complexo de castração* a percepção da diferença sexual, desencadeando uma "angústia de castração". Nos meninos, pelo medo de serem privados do órgão, nas meninas pela perda já efetivada.

Desde o início de sua obra, já em 1905 com os famosos "Três ensaios para uma teoria sexual", Freud encontra-se às voltas com a tentativa de estabelecer uma ciência da sexualidade. Ele busca nas constâncias e nos ritmos do desejo sexual descrever sua gênese e seu desenvolvimento. Seu encontro com esse tema não é casual, na verdade, seja entre os médicos e os políticos, seja entre os pacientes e o cidadão comum, as questões sexuais estão na ordem do dia. Não de forma aberta e explícita — como hoje —, mas nos sussurros e nas entrelinhas, no inconfesso de todo discurso.

A sexualidade, tão mais pululante quanto reprimida, do final do século XIX é o contexto de emergência de uma prática terapêutica que se propõe a escutar os meandros da fantasia. Por intermédio da psicanálise pode-se perceber que nos sintomas neuróticos há fantasias de desejo de cunho sexual. Foram, portanto, as evidências clínicas, como descreve Freud, que o levaram a se interessar pela sexualidade. Era disso que seus pacientes só ousavam falar quando protegidos pelo sigilo profissional.

Diferentemente de seus colegas da medicina e da puericultura, Freud acolhe o discurso sobre o sexo sem pretensões taxonômicas pautadas por uma moral higienista, que era a regra nesse meio. Como homem de ciência, ele procura estabelecer parâmetros, encontrar relações de causalidade, determinar as constâncias e as variações. Os "Três ensaios" são típicos dessa sua forma de trabalho. Ali vemos estabelecidos os modos de expressão do desejo sexual, desde a infância à vida adulta, as diferentes fases de sua evolução, o apoio das zonas erógenas nas funções fisiológicas. A base de sustentação do desenvolvimento sexual é a maturação do organismo. Freud não desconhece, contudo, a autonomia relativa que acompanha as funções sexuais e que as torna algo independente da biologia. Seja pelas denominadas perversões, alvo de sua análise no primeiro ensaio, nas quais se observa a independência do objeto de satisfação em relação aos supostos parâmetros da natureza. Seja pelo período de latência, imposto culturalmente aos humanos no fim da primeira infância, e que torna nosso desenvolvimento sexual único entre os demais seres vivos pelo seu caráter bifásico.

A própria escolha de Freud pelo termo pulsão (*Trieb*, em alemão) para designar a força motriz da sexualidade humana indica uma diferença em relação à noção de instinto (*Instink*) atribuída à vida de natureza. A pulsão inclui a representação do corpo, sua inscrição psíquica. Por representação entenda-se não uma mera duplicação do objeto pela palavra. Ela pressupõe o compartilhamento da linguagem por uma determinada comunidade cultural (o Outro) e o suporte de construção da imagem corporal e de seus orifícios com base na extrema dependência do bebê aos outros mais próximos que se ocupam dele. Ou seja, tanto a representação psíquica da pulsão quanto os orifícios pulsionais (zonas erógenas) são resultantes da forma como uma dada cultura sustenta simbolicamente o que Freud denominou de *complexo do próximo*. Com esse termo, ele se refere à prematuração física e psíquica do bebê humano que condiciona sua sobrevivência à presença do desejo materno (o Outro primordial), conferindo plasticidade à constituição de seu corpo na relação com esse desejo.

Portanto, é apenas enquanto registro psíquico, traço mnêmico, que podemos falar em sexualidade humana. É nesse sentido que Freud estabelece as origens da sexualidade como registro de uma satisfação perdida que buscamos reencontrar. Trata-se de uma "experiência alucinatória" que inaugura a produção das fantasias de desejo. O desejo é, pois, relativo à representação de uma perda, isto é — como vimos acima —, relativo ao desejo do Outro. A inscrição psíquica provoca esse efeito de *como se* o objeto de satisfação tivesse estado lá, mas quando vamos procurá-lo já estamos atrasados. Daí a famosa frase de Freud, escrita nos "Três ensaios": "O encontro do objeto não é mais do que um retorno ao passado."

Como se pode notar, os principais argumentos do psicanalista neste texto inaugural são bastante audazes em relação a uma descolagem da sexualidade humana das funções biológicas e a busca por um princípio próprio de ordenação. Evidentemente, o paradigma em voga era o darwinista. Ele provocara uma importante ruptura da ciência com a religião ao demonstrar a pertença do ser humano à lógica da evolução natural. Ao falar em pulsão e inconsciente, Freud arriscava levar a pecha de místico. Por isso, ele esforça-se em demonstrar quão bem fundado cientificamente são seus argumentos.

Também não interessava a Freud reinscrever a clivagem entre mente e corpo, entre alma e soma, entre razão e extensão. Justamente, a noção de sexualidade proposta por ele implica a inclusão mútua desses termos cindidos pela tradição. Em parte a subversão promovida pela psicanálise na história ocidental está em ter concebido um modelo teórico capaz de sustentar corpo e pensamento juntos. Por isso, não interessava a Freud, nem deveria interessar aos psicanalistas hoje, dispensar o conhecimento adquirido pelas ciências biomédicas. Apenas não podemos desconsiderar — e isso percebemos melhor agora do que no início do século XX — que também as descrições pretensamente objetivas da ciência sustentam-se em fantasias.

A diferença sexual, abordada pela via da definição de identidades, é terreno fértil para esse tipo de posição supostamente pautada por critérios objetivos, mas que se revela, pelas suas conseqüências, pleno de intenções políticas. Freud é um homem de seu tempo e parte de sua genialidade consistiu em pôr em palavras fantasias compartilhadas na cultura e produtoras de modos de subjetivação específicos.

Devemos principalmente a Foucault a descrição desse contexto cultural no qual a sexualidade é o principal regulador da vida social e organizador dos modos de exercício de poder. Dentro da própria psicanálise, Lacan é quem nos ajuda a ler Freud sem elidir a sua própria posição de autor na produção da teoria e da prática da psicanálise. Isso não significa, como pensam alguns, recorrer à biografia para explicar a obra — nada mais estranho às intenções de Lacan e também às de Foucault. Significa, simplesmente, considerar que toda teoria, mesmo as científicas, é resultado de uma posição de enunciação e, portanto, que inclui o sujeito (não apenas a pessoa) que a produz. Quando nos referimos a sujeito — termo incorporado na psicanálise a partir de Lacan — estamos indicando um certo encontro entre o código cultural e as condições de enunciação do desejo, isto é, o lugar de alienação que o constitui. A produção de um texto ou de uma teoria, dito muito rapidamente, é resultante dessa alienação do autor ao discurso vigente, ao campo do Outro. Essa produção comporta um movimento de separação de cujo resultado a obra advém.

É importante fazer essas considerações, tendo em vista a controvérsia em torno da posição de Freud no que tange à diferença sexual e, mais especificamente, à sexualidade feminina. Em 1924, ao tratar do lugar central da fantasia edípica na constituição psíquica, o autor delega à anatomia genital a definição das identificações, das escolhas objetais, e até mesmo das relações com a lei e com a cultura. "A anatomia é o destino", advoga o psicanalista. É por não ter um pênis que as meninas se constituirão de forma distinta dos meninos e poderão encontrar a via da feminilidade. Esta implica na troca do objeto de amor — da mãe para o pai — e na mudança de zona erógena — do clitóris para a vagina. Essas modificações, próprias ao trabalho psíquico do feminino, são necessárias para que a mulher busque na maternidade a solução para o seu complexo de castração.

É preciso notar que tais assertivas freudianas se referem ao que ele testemunhava na clínica: uma extrema valorização e idealização da maternidade. Era das próprias mulheres que o psicanalista recebia a mensagem segundo a qual a gestação de um bebê, sobretudo se ele for do sexo masculino, permitiria a resolução da inveja do pênis, permitiria a inclusão simbólica do objeto da privação. A ausência dessa realização — analisa Freud em consonância com esse discurso — poderia levá-las a desenvolver um caráter masculino ou à renúncia da sexualidade.

Mesmo hoje, apesar das importantes mudanças no discurso sobre o sexo e no estabelecimento dos referentes da diferença sexual, encontramos pacientes que mantêm essa íntima imbricação entre feminilidade e maternidade. Em sua época, ao afirmar que "a anatomia é o destino", Freud estava interpretando uma verdade concernente à forma como o discurso concebia a diferença entre os sexos. Que para um casal ter um filho ou uma filha fosse (ainda é?!) bastante diferente em relação ao que se poderia desejar para cada um. E no fundo, por quê? Pela presença ou ausência de um pênis (que atualmente já se procura encontrar nas ecografias)! O que demonstra de forma bastante evidente que o que se almeja para um menino e para uma menina está referido ao que se marca como valor no Outro, determinando a forma como o corpo erógeno vai se inscrever a partir do suporte orgânico.

Um século depois da invenção da psicanálise, sabemos que isso não é suficiente para apreender a incidência subjetiva da diferença entre os sexos e suas conseqüências nos avatares do desejo. A significação da anatomia promovida pelo complexo de Édipo tem poderes estruturais nada desprezíveis, como demonstraremos a seguir. Cumpre apenas lembrar que se a psicanálise tem alguma serventia é a de liberar o sujeito dessas amarras, promovendo desidentificações. O que implica, como veremos, situar a referência sexuada na enunciação do desejo e não no suporte anatômico.

O falo e a castração

A fase do desenvolvimento psicossexual em que ocorre o complexo edípico é designada por Freud como "fase fálica". Sua abordagem é tardia em sua obra, pertencendo às elaborações do que se convencionou chamar de "segunda tópica". No texto "Três ensaios para uma teoria sexual", ao qual referimos anteriormente, as demais fases são minuciosamente descritas. Porém, o autor ainda atribui à puberdade a descoberta do prazer genital. Em 1923, ele escreve um acréscimo à sua teoria sexual de 1905, a "Organização genital infantil".

Nesse trabalho, Freud busca sanar a lacuna por não haver percebido antes que já na infância há um primeiro movimento de erogenização centrado nos genitais. Contudo, diferentemente da sexualidade adulta, as crianças desconhecem os órgãos sexuais femininos. A genitalidade infantil opera sob a égide do falo, isto é, a teoria sexual que atribui um único genital, o masculino, para ambos os sexos. Nesse e em outros trabalhos em que desenvolve essa questão, Freud analisa as fantasias infantis que atribuem também às mulheres a posse do órgão fálico. Diante da constatação inicial de uma diferença corporal são elaboradas teorias que visam suplantar a ausência do pênis no corpo feminino: "é pequenino ainda, mas vai crescer", "ela o tinha mas perdeu", "o pênis foi cortado como castigo", "não me deram porque eu não merecia" etc.

Na narrativa e análise de um caso de fobia em um menino de cinco anos, que ficou conhecido como o "caso do pequeno Hans", Freud descreveu essas fantasias infantis de forma exemplar. O menino sofria de uma fobia de cavalos que o impedia até mesmo de sair de casa. Seu pai, aluno de Freud, leva a situação a seu conhecimento e pede sua ajuda para livrar o filho das angústias de que padecia. Freud se dispõe, então, a escutar os relatos do pai que observava e anotava detidamente o que Hans dizia e fazia.

Pela narrativa do pai, Freud pôde constatar que desde os três anos de idade Hans manifestava intenso interesse pelos órgãos genitais. Ele perguntava à sua mãe e ao seu pai se eles tinham "pipi" como ele e também observava curioso sua presença ou ausência nos animais e mesmo em objetos inanimados. Quando sua irmã Hanna nasceu, o corpo da menina passou a ser alvo de sua investigação. Ao vê-la nua tomando banho, ele se surpreendia: "Mas o pipi dela ainda é bem pequenino. Quando ela crescer, ele vai ficar bem maior."

A seqüência do relato do caso descortina toda uma série de fantasias relativas às diferenças anatômicas entre os sexos. Além do ter ou não ter "pipi", Hans se interessava vivamente pela origem dos bebês, construindo também um conjunto de fantasias sobre esse tema. No enlace entre essas fantasias, é toda a trama edípica que é descrita. A análise feita por Freud permite que se perceba que o sintoma fóbico do menino se devia à substituição simbólica da figura do pai castrador pelo cavalo. Note-se que, na época, as carruagens eram o principal meio de transporte nas cidades. Em um certo período, as pesquisas de Hans sobre as diferenças sexuais incidem sobre as observações que faz desses animais. Os cavalos com "grande pênis" o fascinam e atemorizam. Hans temia os cavalos (seu medo era que eles o mordessem) porque temia ser castrado pelo pai. Mas, além disso, sua angústia expressava também seu padecimento pelos sentimentos ambivalentes que nutria pelo genitor. A imagem de um cavalo que vira cair o obstinava pelo contraste entre o poder fálico que atribuía ao animal e sua queda feminilizante.

A esse conjunto de fantasias e a angústia que comportam, Freud denomina complexo de castração. O temor da perda do pênis é resultante da interdição do exercício da genitalidade na infância, que se confunde com a proibição do incesto. No caso de Hans, por exemplo, a excitação genital e a masturbação são censurados pela mãe com a ameaça da castração. Na fantasia do menino, isso significaria ser despossuído de seu órgão fálico. Trata-se, assim, de um primeiro momento de inscrição psíquica da diferença sexual, no qual ainda não há registro do feminino e da feminilidade propriamente dita. A diferença situa-se entre fálico e castrado. Para as meninas também a diferença sexual se situará em um primeiro momento nessa oposição. É a percepção da ausência do órgão fálico em seu corpo que leva a menina a abdicar do amor à mãe e buscar obtê-lo do pai.

É interessante notar que, ao incluir a fase fálica no desenvolvimento psicossexual, Freud enfatiza o valor de realidade psíquica que tais construções iniciais da diferença sexual têm para as crianças. Ou seja, as fantasias não decorrem exclusivamente de um destino anatômico preestabelecido, mas do suporte psíquico do corpo sexuado em um símbolo: o falo. Além das representações pulsionais que recortam as zonas erógenas — e que vão sendo inscritas desde o início da vida —, a fase fálica situa a emergência psíquica de um suporte simbólico que, mais do que nomear, cria um novo objeto. Freud denomina esse período como correspondendo à "primazia do falo". Ele consiste no reconhecimento de um valor (a virilidade) e sua atribuição àqueles que possuem uma determinada conformação anatômica. É, pois, o momento na infância que essa atribuição de valor é vivenciada e significada pela criança — o que se confunde imaginariamente com o índice corporal.

Dessa experiência, tanto meninos quanto meninas saem afetados. Como vimos, não basta possuir o pênis para se furtar à angústia de castração. O que faz ressaltar que o que está em questão é um valor que pode ou não ser investido e, mais ainda, que nada impede de ser posteriormente destituído. Os homens não estão livres disso, e é justamente pelo temor da castração que eles renunciam ao desejo incestuoso pela mãe, recalcando as fantasias edípicas. Ter o falo implica, então, identificar-se com o pai, já que este é o portador das insígnias fálicas. Já as meninas entram no Édipo ao perceberem que com a mãe como objeto não obterão suporte para se valer do falo. Buscam isso no pai, mas sem poder identificar-se com ele, optam por substituir o desejo de ter um pênis pelo desejo de ter um bebê.

A pergunta que hoje, na cultura pós-feminista, nos acossa é: por que o valor fálico se inscreve corporalmente pelo órgão peniano? É possível compreender que, segundo a descrição de Freud, o suporte da diferença entre fálico e castrado está nas relações parentais. Ela se confunde com a função dos genitores na procriação. Com base nisso, alguns analistas pós-freudianos quiseram sustentar na genitalidade uma suposta superioridade normativa, uma espécie de síntese ideal em relação ao exercício pulsional perverso-polimorfo. Ainda hoje encontramos analistas que afirmam que a parcialidade pulsional, seu potencial transgressivo, é uma característica perversa que a análise deveria curar pela imposição do modelo fálico-genital.

Devemos a Lacan uma abordagem desse tema que permitiu retomar as propostas freudianas de um outro modo. Ele propõe reler o complexo de Édipo como uma estrutura. A elaboração teórica do psicanalista francês é bastante ampla e complexa e expor todos os seus meandros ultrapassa os limites deste trabalho. Gostaríamos apenas de destacar que a partir de Lacan compreende-se melhor que o falo é um atributo de valor que é construído e que circula em uma dada estrutura organizada por funções: as funções materna e paterna como suportes psíquicos necessários à constituição de cada sujeito.

A criança, inicialmente, é o falo da mãe, ela é completamente alienada ao seu desejo e confundida com seu corpo. É uma etapa necessária — que Lacan denomina de primeiro tempo do Édipo — na qual se constitui o narcisismo. No segundo tempo do Édipo, o falo se desloca, a função paterna opera de modo a destituir a criança do lugar que ocupa. É uma operação simbólica que indica ao objeto de desejo um lugar alhures. Ela é vivida como uma queda narcísica que incide tanto sobre a criança quanto sobre a sua referência materna. O falo não pertence nem a um nem a outro, não importando o sexo do filho em questão. Ele está no pai, aquele que é assim nomeado, e desejado, pela mãe. Para a criança esse outro que a mãe deseja é vivido como, ao mesmo tempo, idealizado e ameaçador. Ele encarna o falo que ela fora outrora, destituindo-a desse lugar. Desse modo, opera-se, ao mesmo tempo, interdição do incesto e castração.

No terceiro e último tempo do Édipo, o falo passa do estatuto imaginário, que tinha até então, ao falo simbólico. Isso significa que ele deixa de ser uma insígnia completamente confundida com seu portador — primeiro a mãe depois o pai — para ser o significante da falta, guardador de lugar do desejo. Assim, na apresentação que Lacan dá do Édipo estrutural, a diferença sexual anatômica deixa de ser tão fundamental como em alguns momentos se vislumbra no texto freudiano. A anatomia é o suporte imaginário presente na fantasia, mas que não se deve confundir com o estatuto simbólico das funções e das posições de desejo em relação ao significante fálico.

Tanto para Freud como para Lacan, a inscrição do valor fálico participa do conjunto de operações psíquicas elaboradas no complexo de Édipo, sendo uma de suas funções mais importantes. Que a mãe não detém o falo eis o que está em questão; há que se buscar no pai — na função paterna —, esse terceiro na relação mãe-filho que é investido pelo discurso materno e pela cultura como representante da lei. Por isso, também, a saída do Édipo implica o surgimento do supereu, a instância psíquica que representa a lei, os valores morais e os ideais sociais.

Nos textos freudianos, o pênis e o pai são apresentados como suportes quase naturais do valor fálico. Não há muita distância entre o símbolo e sua encarnação imaginária. É uma posição curiosa visto que, como sua obra demonstra, Freud não se restringia à descrição e interpretação do discurso vigente. Em outros assuntos — em relação aos excessos da moral sexual moderna, por exemplo — ele se posicionava criticamente. Os malefícios decorrentes dos abusos sociais na normatização do exercício sexual não lhe escapavam e ele não permanecia calado diante disso.

Cabe lembrar a bela e poderosa forma como Simone de Beauvoir replica a frase freudiana "a anatomia é o destino". Como o autor mesmo reconhece, trata-se de uma paráfrase de um dito de Napoleão em conversa com Goethe que, desmerecendo o valor das tragédias de destino da Antigüidade, teria afirmado: "O destino é a política." Denunciando o recalcado em Freud, aquilo que ele não quis saber da sexualidade feminina, Beauvoir enuncia: "O destino não é a anatomia, pois o sexo das mulheres é uma questão política."

Fraturas na identidade

Em 1929 — apenas quatro anos após Freud ter escrito o texto "Algumas conseqüências psíquicas da diferença anatômica entre os sexos" —, René Magritte apresenta ao público uma primeira versão da obra *A traição das imagens*. O quadro, bastante conhecido, apresenta a imagem de um cachimbo, junto à frase *Ceci n'est pas une pipe* (Isto não é um cachimbo).

Essa pintura, que hoje já faz parte de nosso imaginário, serve de ilustração para um importante debate concernente ao estatuto da verdade e das condições de representação da realidade. Ela demonstra, em ato, a ultrapassagem produzida pela modernidade na idéia de verdade por correspondência que dominou a cultura ocidental desde Platão. No ideal de beleza da arte clássica, caberia ao artista expressar a realidade tal qual ela se apresenta aos nossos sentidos, ele deveria buscar a perfeição da cópia.

Tal concepção estética da representação analógica se traduz, de forma mais ampla, em uma teoria da linguagem. As palavras seriam meros nomes delegados aos objetos ou já seriam outra coisa? Esse debate é antigo, porém só mais recentemente, há cerca de 100 anos, é que conseguimos responder a essa questão de outro modo que não seja o recurso à imanência — os nomes são derivados das coisas — ou à transcendência — os nomes foram atribuídos às coisas, são um *a priori* da razão, e lhes pertencem.

A psicanálise tem importante lugar nesse debate. O trabalho de Freud sobre a realidade psíquica e sua independência relativa dos fatos materiais é fundamental para que se possa apreender de um outro modo o lugar e a função da verdade. Na escuta clínica cotidiana, não se espera que os enunciados produzidos pelos pacientes correspondam a fatos verídicos para que eles sejam considerados verdadeiros. A realidade psíquica pode não corresponder aos dados empíricos e nem por isso deixa de produzir efeitos de verdade. Tal é a importância das fantasias e dos sonhos que falam do sujeito muito mais do que uma anamnese factualmente bem fundada.

Há um exemplo de sonho que Freud nos traz e que condiz bem com a representação pictórica proposta por Magritte. Um paciente lhe conta um sonho e acrescenta dirigindo-se ao analista: "Você me pergunta quem pode ser essa pessoa em meu sonho; minha mãe certamente não é." Ao que Freud interpreta: "Trata-se seguramente da mãe." Na elaboração teórica que faz, ele acrescenta que o *não* presente na fala do paciente é a marca do recalque; como se ele dissesse: é efetivamente minha mãe, mas eu não gostaria que fosse.

As palavras, como as imagens, enganam, elas traem, a um só tempo, o desejo e o recalque, velando e revelando o texto inconsciente. Por que, então, fazer do registro psíquico da diferença sexual uma representação por correspondência da diferença anatômica? O fato é que, mesmo tendo forjado o termo realidade psíquica, Freud nunca deixou de procurar o referente material das representações mentais. Sobretudo em relação às denominadas fantasias originárias, a pesquisa sobre a procedência das cenas intrigou-o ao longo de toda a sua obra.

A fantasia de castração é uma dessas fantasias originárias, ao lado da cena primária e da fantasia de sedução infantil. São representações psíquicas que não provêm necessariamente da experiência, mas que são construídas, apoiadas em traços de percepção. Freud atribui sua gênese à filogenia: um composto entre heranças culturais e biológicas. A fantasia de castração — que, como vimos anteriormente, situa a gênese psíquica da diferença entre os sexos — seria também originária dessa herança filogenética.

O texto em que Freud se dedica mais a esse tema é a exposição do caso do Homem dos lobos — "História de uma neurose infantil". Trata-se de um jovem de origem russa que ele recebe em análise depois de já ter passado por uma série de internações psiquiátricas em função de seus padecimentos. No trabalho que desenvolvem se procede à reconstrução de sua história infantil, o que permite reencontrar os traços de seu sofrimento já nesse momento precoce de sua vida. Assim como o pequeno Hans, o jovem russo sofrera de uma importante fobia na infância: uma fobia a lobos. Eles lhe amedrontavam nas histórias infantis que lia com sua irmã. Mas se constituíram como objeto fóbico, sobretudo a partir de um sonho apavorante. Nele, o paciente, deitado, via subitamente a janela situada em frente à sua cama abrir-se. Seis ou sete lobos brancos com caudas enormes estavam sentados nos galhos de uma grande nogueira e olhavam-no fixamente.

Ao proceder à análise do sonho, Freud indica que o temor e a rivalidade com o pai não parecem ser suficientes nesse caso para que se compreenda a fobia a lobos. Como elemento central, associado às fantasias edípicas, encontra-se uma cena de coito parental *a tergo* (por trás) a qual o paciente teria assistido ainda na primeira infância. Freud constrói a lembrança dessa cena primária a partir das associações e rememorações do paciente. Ele demonstra que a precocidade do encontro com a castração, vivenciado pela observação (propiciada pela posição do coito) do aparecer e desaparecer do pênis do pai na relação sexual, foi determinante no desencadeamento da fobia infantil e na neurose posterior. Ao ter de se situar em relação à diferença sexual, o jovem adotou a posição passiva, submetendo-se ao pai do mesmo modo que vira a mãe fazer no coito. A chave interpretativa do caso situa-se, portanto, nessa identificação do paciente com a mãe.

Na descrição desse caso clínico, Freud se detém de forma pormenorizada a demonstrar as determinações das construções inconscientes nas formações sintomáticas a partir dos jogos posicionais das letras. Assim, por exemplo, ele se preocupará em deduzir da construção fantasística do paciente o horário em que possivelmente se deu a observação da cena do coito parental. O número cinco (às cinco horas) em algarismos romanos, que se confunde com a letra V, será objeto de sua análise e da interpretação das fantasias com as pernas abertas de uma mulher agachada, assim como do temor infantil por borboletas em função do formato de suas asas. Lacan privilegiará essa análise de Freud a partir de suas considerações sobre a letra, indicando aí, como veremos adiante, a base para a construção de um referente material interno à linguagem.

Por outro lado, Freud preocupa-se também, na descrição e análise desse caso, com a veracidade dos fatos narrados e construídos em análise. Para além da construção interpretativa, ele está efetivamente interessado em confirmar se os fatos realmente aconteceram como estão sendo supostos. Em relação especificamente à observação da cena primária, ele deixa inconcluso — *non liquet* — seu estatuto de realidade.

É interessante perceber essa oscilação na posição de Freud em relação ao referente material em causa na fantasia. Ela se encontra de forma explícita nesse caso, mas podemos observar os desdobramentos dessa dúvida toda vez que Freud se refere às chamadas fantasias originárias, já mencionadas. Mesmo que se encontre presente ao longo de toda a sua obra, diríamos de forma concisa que ela é correlativa de uma preocupação do autor com algo que se subtrai à construção da significação sexual. Ele busca um referente externo positivo, um traço real da presença do objeto fantasiado, mas o que acaba encontrando é a queda do sujeito, sua deriva ou exclusão, um ponto de ausência do sentido sexual. Freud se ocupará disso, sobretudo a partir de 1920, no contexto da segunda tópica, época em que ele tenta dar conta teoricamente das situações clínicas que escaparam ao domínio do princípio de prazer. Será preciso, para tanto, buscar outro referente que não a noção de representação psíquica fundamentada na experiência primária de satisfação da pulsão.

Seja no recurso à filogenia, à anatomia ou a um hipotético núcleo biológico do Isso, Freud perseguirá a preocupação de tentar formalizar o que seria, então, o fundamento material de experiências como a compulsão à repetição, a reação terapêutica negativa ou outras manifestações da pulsão de morte. Qual seria o objeto em torno do qual essas expressões negativas do desejo se orientam? A castração e a feminilidade também entram nesse rol de experiências que tocam no limite do representável. Nesse sentido, no que diz respeito especificamente ao recurso à anatomia como definidora dos destinos das identidades sexuais, ele é contemporâneo desse momento do trabalho de Freud. Justamente no período em que as manifestações clínicas previamente descritas estão no cerne do seu trabalho.

Assim, segundo nossa interpretação, a busca de Freud por um referente externo para a sexualidade — seja a filogenia ou a anatomia — é decorrente de seu trabalho sobre algo além do princípio de prazer. Tratava-se de procurar um fundamento para as representações psíquicas que não fosse derivado nem das identificações, nem das fantasias, e que pudesse dar conta dessas manifestações do inconsciente.

Feminilidade e masculinidade: destinos da pulsão

Antes de avançarmos na direção indicada, será preciso retornar às conseqüências do Édipo descritas por Freud. Elas são fundamentais para a compreensão da abordagem psicanalítica da diferença sexual. No percurso que fizemos, indicamos os eixos principais do drama edípico. É preciso acrescentar agora as suas incidências sobre o exercício pulsional na definição das posições masculina e feminina.

Segundo Freud, até certo ponto do desenvolvimento psicossexual, meninos e meninas caminham na mesma direção, compartilham a mesma constituição. Há um momento, no entanto, a partir do qual elas podem se tornar *também mulheres*. Na sexualidade infantil, a disposição masculina é predominante: tanto a libido, pela sua tendência à atividade, quanto o desconhecimento da diferença entre os sexos pelo inconsciente, dominado pela primazia do falo. Para que a feminilidade possa emergir é preciso um trabalho a mais.

Mas o que é, afinal, a feminilidade? Um dos destinos possíveis do complexo de Édipo nas mulheres, conforme já demonstramos. O que para Freud se faz acompanhar de uma certa mácula: nunca superar completamente a inveja do pênis, jamais ter um supereu adequadamente estabelecido de modo a poder ocupar lugar de produção na cultura, viver eternamente presa às condições pré-edípicas da sexualidade e, portanto, a uma forma narcísica de amar. Porém, mesmo em Freud há outras versões da feminilidade.

Já em "Três ensaios para uma teoria sexual" — texto inaugural de uma teoria psicanalítica da sexualidade — encontramos uma concepção que prioriza a via do exercício pulsional e não apenas das identificações edípicas. Depois de descrever algumas das características mais típicas da sexualidade nos meninos e nas meninas, há uma nota de rodapé na qual Freud se refere à dificuldade na utilização dos termos "masculino" e "feminino". Eles têm, escreve o psicanalista, ao menos três sentidos diferentes. São sinônimos de atividade e passividade, respectivamente; são atributos biológicos, associados à presença de glândulas específicas a cada sexo, produtoras de óvulos ou de espermatozóides; e, por fim, são conceitos sociológicos, derivados da observação dos comportamentos dos indivíduos. Os sentidos biológico e sociológico, continua o autor, são muito questionáveis e relativos. Apenas a primeira dessas definições interessa ao psicanalista. Sempre presentes, em diferentes medidas, atividade e passividade definem a bissexualidade constitucional dos humanos.

Feminilidade corresponderia, assim, à posição de passividade pulsional, ao lado da atividade de cunho masculino. Nesse sentido, homens e mulheres disporiam de ambas as tendências. A libido em si é masculina, escreve Freud. A busca pela satisfação pulsional que a mobiliza só pode ter o caráter de atividade. Mesmo quando se goza da posição passiva — ao se fazer de objeto para um Outro —, é de uma passividade ativamente produzida que se trata. Nesse sentido, a feminilidade seria uma produção secundária da libido, resultado da reflexibilidade no percurso pulsional.

Essa proposta freudiana convive lado a lado com a outra, que desenvolvemos até agora, e que prioriza as identificações edípicas. Nos textos "Sobre a sexualidade feminina" e "A feminilidade", de 1931 e 1933, respectivamente, Freud parece buscar uma conciliação. A predominância da passividade pulsional na definição do caráter feminino será abordada, então, concomitantemente aos impasses na superação do complexo de Édipo. Segundo Freud, observa-se nas mulheres uma especial aderência à relação com a mãe, uma dificuldade particular de transpô-la e substituí-la. O intransponível no Édipo feminino se traduziria em uma tendência à fixação da libido às primeiras posições — oral, anal e fálica —, nas quais passividade e atividade convivem. As mulheres teriam por isso maior inclinação à bissexualidade do que os homens. Nesse tempo pré-genital, a passividade se liga à objetalização da criança diante do desejo materno e a atividade à reversão desse movimento na busca do domínio.

Nesse sentido, as mulheres apresentariam uma tendência a manifestar um certo infantilismo e maior imaturidade na sexualidade. Que se traduz pela dominância de fantasias sadomasoquistas e de relações de objeto parciais. Já a feminilidade propriamente dita indica a possibilidade de superação do pré-edípico pelo abandono da atividade pulsional e a reconciliação com a posição passiva. Isso, no entanto, só é possível se a menina "aceita" desprender-se da mãe e, com ela, do erotismo clitoridiano. Não se trata apenas de um recalque da atividade, porém mais propriamente de sua superação e substituição.

A passividade inerente à sexualidade feminina se traduz também pela tendência do retorno da agressividade à própria pessoa. O masoquismo, escreve Freud, é autenticamente feminino. Tanto nas pulsões eróticas quanto nas agressivas é pelo predomínio da passividade sobre a disposição bissexual infantil que *surge a mulher*, conforme a expressão do autor. A assunção desse pólo do exercício pulsional funciona como selo de passagem pela castração. Nos homens, ao contrário, será a atividade fálica — promovida pela identificação com o pai e pelo deslocamento do objeto materno (não substituição, como nas mulheres) — a marca da masculinidade. A atividade se expressa como traço masculino no exercício sexual, na assunção de uma posição de domínio, e nas atitudes agressivas de exteriorização da pulsão de morte.

Já a predominância masculina nas realizações culturais é atribuída por Freud a vicissitudes da passividade primária nesse sexo. É também das posições pré-genitais passivas da libido que provêm a energia que compõe o supereu nos homens. A submissão infantil do menino ao pai — os desejos eróticos passivos que tem em relação ao genitor — se transforma, na passagem pelo Édipo, em internalização da lei e dos ideais culturais. Em razão disso ocorre que, muitas vezes, a culpa obsessiva seja a expressão sintomática dessa passividade recalcada. O mesmo também é verdade quando se trata da particular sensibilidade cultural e artística de homossexuais masculinos — como Leonardo da Vinci, a quem Freud dedica um importante ensaio —, sobretudo se a tendência erótica for inibida de seus fins.

Como se pode notar, a transposição do complexo de Édipo implica, em termos pulsionais, diferentes destinos para a passividade. Para as mulheres, a sua assunção; para os homens, sublimação, recalque e inibição. O motor dessa operação — como vimos anteriormente — é a angústia de castração. Diante da possibilidade de ser desprovido do falo, que seu pênis representa, o menino abandona (recalca, sublima e inibe) a posição passiva que o mantém preso ou bem à mãe ou bem ao pai, na face invertida do Édipo. A menina, por sua vez, já foi privada do falo. É por frustração que ela será levada a abandonar a mãe e com ela as pulsões ativas. A passividade será transferida à relação com o pai. Mais uma vez, frustrada, por dele também não receber o dom almejado, recalca o Édipo para não perder o amor dos pais. A feminilidade surge, então, quando a menina reporta o pedido que faz ao pai a um outro homem, de quem espera receber o pênis-bebê. Isto é, quando ela retorna, de forma ativa, à posição passiva que a levou ao pai.

Não é de estranhar que, por ter expressado desse modo as polaridades dos sexos, Freud se pergunte: "Mas, afinal, o que quer uma mulher?" "Ela quer ser desejada" é a única resposta possível nesse tipo de disposição libidinal, pela conciliação que promove entre atividade e passividade. O exercício de uma posição de atividade pulsional, propriamente dita, só será possível por meio da maternidade. Por isso, é como um dom que um homem pode lhe fazer que a mulher espera adquirir o falo, representado pelo filho.

A masculinidade, por sua vez, é considerada a saída normal do complexo edípico. Sabe-se, no entanto, que a assunção da paternidade, por exemplo, exige da parte dos homens um trabalho psíquico considerável. Ser investido como representante da lei e designado como portador do falo simbólico são árduas tarefas, cujo peso se faz sentir, sobretudo, na clínica da neurose obsessiva.

No que diz respeito diretamente à sexualidade masculina, o horror à passividade é uma de suas características. Na passagem pelo Édipo, a posição passiva pode se confundir com a castração, levando o menino a repudiá-la. Freud explica dessa maneira alguns casos de homossexualidade masculina e fetichismo. Recusando-se a aceitar a realidade da castração, alguns meninos recuam e tamponam a falta do pênis com um objeto substitutivo — o fetiche. Ou, então, buscam em seu objeto sexual a confirmação da existência do pênis que atribuíam à mãe, promovendo a inversão sexual.

A masculinidade propriamente dita será resultado da inscrição subjetiva da castração. Nesse sentido, podemos considerar que, assim como a feminilidade, a masculinidade também supõe uma operação psíquica que não está determinada por completo pelo desenvolvimento psicossexual. Quando o menino reconhece subjetivamente a falta do pênis nas mulheres — e em particular na mãe —, isso significa assumir o risco de também perder o seu. Além disso, identificar-se com o pai e tomar-se ao encargo das insígnias fálicas implica também aceitar uma certa passividade sem, contudo, confundir-se com a posição objetal.

A castração feminiliza homens e mulheres. Ela desnaturaliza o corpo ao fazer incidir sobre ele a função significante. Em Freud, o pênis e o pai são suportes quase naturais do valor fálico. Não há, para o autor, muita distância entre o símbolo e sua encarnação imaginária. Devemos a Lacan a precisão dessa distinção que comporta a quebra da correspondência entre significante e órgão. Ela é coerente com a forma como ele considera a relação entre as palavras e as coisas, inscrevendo o referente no próprio campo da linguagem.

Castração simbólica é o termo que designa esse descolamento entre o significante e a anatomia. Mais do que uma operação subjetiva, ela incide antes sobre o campo do Outro. Na obra de Magritte, *Traição das imagens*, encontramos esse princípio demonstrado. Mesmo que tal operação de castração já operasse como função na cultura, foi necessário um certo tempo — historicamente datado — para que ela fosse reconhecida. A crítica feminista à redução do falo ao pênis é uma de suas conseqüências.

O falo, enquanto significante, refere à inscrição do desejo no lugar da hiância entre Nome e Coisa. Falo e castração são, portanto, termos correlativos. Em uma construção rápida diríamos que a castração é a inscrição da falta que é significada pelo falo. Verso e reverso — Real e Simbólico — da mesma operação que tem a feminilidade e a masculinidade como efeitos de sentido.

Significação e véu do desejo

"A multiplicação dos símbolos fálicos significa a castração", escreve Freud a respeito da imagem da cabeça decapitada de Medusa, na qual os cabelos assumem a forma de serpentes. Representação da castração materna — acrescenta o autor —, a imagem condensa o horror à castração e seu repúdio. Ela apresenta o genital feminino, ao mesmo tempo em que substitui a falta de pênis pelas serpentes.

Tal representação iconográfica tem um interessante correlativo na história da psicanálise. Em 1955, Lacan adquiriu o quadro *A origem do mundo*, de Gustave Courbet. A obra, hoje em exposição no Museu d'Orsay, em Paris, apresenta o corpo de uma mulher deitada, nua dos seios até as coxas, exposto ao expectador. A vulva sobressai em primeiro plano, em uma representação que prima pelo realismo. Enquanto lhe pertencia, Lacan mantinha o quadro exposto na sua casa de campo, mas encoberto por uma outra tela, de André Masson, encomendada para esse fim.

A visão dos genitais femininos, se não desperta necessariamente horror, provoca um desconcertante impacto. Suas representações na arte são veladas, destacando-se os índices de beleza feminina como substitutos fetichistas da castração. Mesmo na nudez típica do carnaval brasileiro, brilhos e purpurinas, silicones e depilações extremas fazem do corpo todo da mulher ícone da sensualidade ao encobrir seu sexo. A mulher-objeto-de-desejo faz a máscara do falo, colocando no lugar da castração a apresentação de uma imagem corporal plena. *Belle indifférence* tipicamente feminina que denega estrategicamente o desejo, fazendo do *não* a marca de sua presença.

Jogos de presença e ausência que designam ao falo sua dupla função de significante que nomeia o desejo ao indicar o lugar da falta. Na audaciosa tela de Courbet, retrata-se a moderna sabedoria do pintor, para quem tinta e pincel já são suficientes para velar ao duplicar. Ao expectador a tarefa de, diante da mensagem que o quadro veicula, produzir significação, isto é, implicar-se como sujeito na produção de um sentido comum ao ver e ser visto. *A origem do mundo*, nomeia o autor desde esse outro lugar. E o realismo imediatamente adquire valor de metáfora a significar o desejo do qual somos todos tributários. Tal é a função significante da representação pictórica: significação do desejo, véu da falta.

Recentemente, a artista francesa Orlan, fundadora do movimento "arte carnal", apresentou uma obra chistosa: *A origem da guerra*. Na imagem, o mesmo recorte de cena, a mesma posição do corpo e do enquadre: o corpo de um homem com pênis em ereção. Obra feminista, evidentemente, que de início julgamos de valor duvidoso. Seu caráter de réplica reduz a metáfora de Courbet à expressão metonímica da diferença anatômica. Orlan reintroduz, na interpretação que faz da diferença entre os sexos, uma simetria da hierarquia que quer criticar. Essa é uma auto-armadilha em que o movimento feminista costuma cair ao reproduzir em espelho o rebaixamento e a derrisão do qual as mulheres foram historicamente objeto.

Por outro lado, a obra produz um efeito interessante. Se ela é, como dissemos, chistosa, é porque a imagem de um pênis em ereção é apresentada em uma posição tipicamente feminina: deitado, a espera de ser possuído. Imagem desconcertante que provoca o riso pelo contraste. Ao denominá-lo *A origem da guerra*, a artista indica o trabalho da metáfora que está em causa. É pela posse desse pênis/falo, desse grande desejo em ereção, que os humanos brigam. Não se trata, aqui, de nenhuma acusação de cunho feminista. De modo efetivo, independentemente do gênero, o desejo é ele mesmo o objeto que move as paixões mais insanas e beligerantes. Sem necessidade de disfarces — posto que a imagem em si do pênis em ereção já é secundária, já é uma metáfora do desejo —, ela coaduna suporte corporal e objeto que causa desejo. Literalmente: há um sujeito que deseja; esse desejo espera ser possuído por alguém que o faça ser satisfeito. Pedido irrecusável para mulheres e homens. Por isso também, para eles como para elas, o gozo sexual é uma celebração ao falo. Oferecido à dama, cumpre a ambos fazer-lhe gozar.

Harmonia entre os sexos em prol do gozo sexual? Cena encobridora; esquece-se facilmente de que o pênis, mesmo em ereção, não é o falo, apenas seu representante imaginário. Assim como o *não* da mulher sedutora: imagem alegórica, índice da presença de um desejo. O falo é o significante que, ao produzir a significação do desejo, produz o equívoco entre imagem e significante. Desse desejo, no entanto, se ele é a condição de sua significação — efeito de limitação (*ponto de basta*) que a representação produz na abertura infinita da pulsão —, é porque mantém aberta a hiância que o move, possibilidade contínua de inclusão do sujeito na sua produção.

O falo, em seu estatuto simbólico, é o referente do desejo; donde provém sua primazia, identificada por Freud. Feminilidade ou masculinidade são então formações secundárias — sintomáticas — que visam encobrir o vão da falta. Sintoma-ele, sintoma-ela, enuncia Lacan em um momento tardio de seu ensino. Voltaremos a isso posteriormente. Ressaltemos que a inscrição subjetiva desse significante sexualiza o desejo na mesma medida em que rompe definitivamente com a possibilidade de satisfação. A clivagem é, pois, seu principal efeito no sujeito. Freud identifica suas manifestações: o rebaixamento erótico e a idealização da amada que torna tão difícil ao neurótico obsessivo (seja homem ou mulher) a junção entre sexo e amor; perigo iminente na mascarada histérica (em homens e mulheres, igualmente), que de tanto disfarçar o desejo com a recusa, acaba por se convencer do próprio engano.

O continente negro existe?

Que a mulher seja um enigma, Freud não é o primeiro, e nem o último, a dizê-lo. Isso faz parte da tradição ocidental, que já foi por isso mesmo denominada de falocêntrica. O que significa reconhecer nessa tradição uma forma de organização do universo representacional, centralizado em um único significante ordenador, a partir do qual se estabelecem pares opositivos. Bem e mal, branco e preto, positivo e negativo, masculino e feminino etc. são formas derivadas de uma cultura estabelecida sobre o princípio monoteísta: um deus, um nome, um lugar pleno ou vazio — formas equivalentes nesse contexto — de onde derivam todas as significações, a partir de onde se determina o valor de todas as coisas.

Princípio da criação. A íntima relação entre o tema das origens e a diferença sexual não escapou a Freud. No processo da psicogênese, ela perpassa o seu trabalho sobre a cena primária. A pergunta das crianças "De onde vêm os bebês?" é a matriz das teorias sexuais infantis. Ou seria a percepção da castração a mola da curiosidade infantil? Freud expressou essa dúvida, deixando-a em suspenso. Ele sustenta, de todo modo, que a descoberta do sexo feminino enquanto tal — além da polaridade entre fálico e castrado — se dá apenas na puberdade. Somente então, a vagina será reconhecida como "albergue do pênis e herdeira do seio materno".

Antes, o jovem terá um trabalho psíquico considerável a fazer. Isso porque a possibilidade de representação do sexo feminino, como indica Freud, tem como condição a inscrição psíquica do corpo materno como sexuado. A fantasia do púbere sobre a promiscuidade da mãe faz parte desse percurso. Representação medusiana, pois atribui à genitora uma condição de atividade e de domínio do falo. O reconhecimento da castração materna e, em decorrência, a sua condição de sujeito de desejo, é promotor de uma clivagem. Em parte, a representação do sexo da mulher deriva desse reconhecimento. Por outro lado, o campo materno permanece externo à operação da significação fálica, mantendo-se no registro do recalque originário.

O enigma do feminino é derivado dessa impossibilidade de representação do sexo materno. O corpo da mãe é sempre, em alguma medida, o corpo do incesto. A intervenção da função paterna no Édipo — como propõe Lacan — interdita e simboliza ao mesmo tempo. Mas há um resto dessa operação que permanece inassimilável. Em *O seminário*, livro 20, *Mais, ainda*, Lacan demonstra que se trata de um fato decorrente da própria estrutura da linguagem. O universo constituído pelo código — o simbólico — encontra seus limites em dois pontos que tocam o inominável: o princípio da criação e o objeto da pulsão. Eles constituem o que em psicanálise conhecemos como Real.

Do lado do objeto da pulsão, Lacan denomina *objeto a* a série de recortes/restos corporais — seio, fezes, urina, olhar, voz — que perfazem o corpo compartilhado mãe-bebê. Não sendo nem de um nem de outro, esses objetos primários são prototípicos do objeto-alvo da pulsão. Inapreensíveis, constituem as bordas erógenas do corpo. Freud propunha que a genitalidade produz a síntese desses objetos parciais, dirigindo a pulsão a um objeto total, alguém do outro sexo. Em parte, o significante fálico tem essa função, mas ela nunca se dá de modo completo.

No outro extremo do simbólico está, justamente, o princípio unificador. A prerrogativa de que haja *ao menos um* significante que exprima o conjunto de todos os significantes existentes é uma necessidade do sistema simbólico. O monoteísmo é uma versão desse princípio na cultura. Deus é um dos nomes que se dá a esse significante pressuposto. A Mulher, acrescenta Lacan, também é um de seus nomes. Ambos são construções da fantasia que visam suprir a exigência lógica de um princípio que nomeie sem que ele mesmo seja nomeado. Essa condição o situa na exterioridade do sistema simbólico que constitui. Ou seja, ele mesmo escaparia à castração, pois faria consistir a plena correspondência entre Nome e Coisa.

Aceita-se, então, que Lacan afirme, de forma provocativa, que "A mulher não existe". Pois, justamente, se as mulheres são, como Freud indica, uma posição subjetiva decorrente da inscrição do significante fálico, não há como pressupor ao conjunto das mulheres uma unidade em si mesmo. Neste ponto, *tornar-se mulher* é resultado da operação de castração, e esta singulariza ao inscrever o sujeito no simbólico. As mulheres, sim, existem: uma a uma. O universal, como demonstramos, participa do Real; não passa pela chancela da castração simbólica, necessária à constituição do feminino. Além disso, há algo nas mulheres — isso que do materno insiste — que resiste à simbolização. Por isso, elas têm a particularidade de serem "não-todas" na castração.

É essa condição de alteridade do significante "mulher" ao registro fálico que faz crer na completude do encontro sexual entre homens e mulheres. Assim, se Lacan afirma que "A mulher não existe", é também para demonstrar — em outro de seus axiomas provocativos — que "não há relação sexual". Isto é, que o pleno encontro entre os sexos é uma ficção que move o desejo, mas que é estruturalmente inviável. Nem que mais não seja porque pressupõe a existência ontológica de dois sexos quando, no que diz respeito ao sujeito do inconsciente — e é a clínica que nos ensina isso —, se trata antes de condições de gozo distintas. Trataremos disso um pouco mais adiante.

As leis da segregação urinária

A partir de Lacan, a retomada dos pressupostos da psicanálise à luz de uma ciência renovada — sobretudo pelos aportes da lingüística — modifica bastante a posição da psicanálise no que tange às funções sexuais. No texto "A instância da letra no inconsciente", Lacan se apóia nas contribuições de Saussure para retrabalhar a lógica do inconsciente descrita por Freud. Assim, os princípios do processo primário, condensação e deslocamento, são substituídos por metáfora e metonímia, respectivamente. Por outro lado, a lingüística saussuriana também é afetada pelo psicanalista, que propõe a quebra do signo lingüístico que une significado e significante. Do ponto de vista da lógica do inconsciente, o significante tem prioridade sobre o significado. Além disso, à psicanálise interessa não o significado enquanto tal, mas a produção de significação. A diferença está em que o primeiro é decorrente de um engodo imaginário que reduz o valor da palavra à função de comunicação entre indivíduos. Já a significação refere-se à condição da palavra de produzir sujeito ao incluir o ato de enunciação na sua consideração.

As relações da psicanálise com a lingüística são bastante complexas. Trazemos aqui apenas algumas considerações, importantes para compreender a incidência das contribuições de Lacan sobre o assunto que nos ocupa.

No texto acima citado, Lacan propõe a releitura do signo saussuriano, aplicado ao que denomina, não sem ironia, de "as leis da segregação urinária". Ele apresenta uma ilustração do signo lingüístico invertido (significante sobre significado). Trata-se de duas portas de banheiro idênticas (no lugar do significado) sobre as quais se pode ler "homens damas" (no lugar do significante).

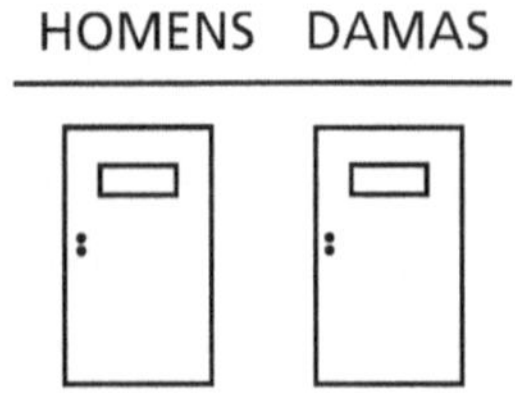

O signo lingüístico é apresentado assim por Lacan como um ideograma chistoso. Quando em ambientes públicos sofremos a urgência das necessidades fisiológicas, somos convocados a definir lingüisticamente nosso sexo. Não fosse pela banalidade da situação, completamente reduzida a um código sem muito valor, isso se trataria de um verdadeiro ato performativo. O fato inusitado de encontrar um travesti na fila do banheiro feminino demonstra que se trata mesmo de uma tomada de posição subjetiva, cujo único referente está no significante. As portas são idênticas, as palavras não, e é isso que faz toda diferença.

Se observarmos melhor o ideograma, no entanto, perceberemos que "homens damas" está escrito assim, sem separação, sobre um traço único. Quando escreveu esse texto, em 1958, Lacan estava elaborando no seu seminário as construções histórico-literárias do amor cortês. Conhece-se por esse termo um tipo de narrativa poética que situa a mulher como idealizada e inalcançável. Os trovadores, poetas líricos da Idade Média, cantavam seus hinos de louvor à mulher sem propósitos sexuais diretos. Desse modo, a mulher-dama emerge como figura literária, como uma representação de valor social. Até hoje a valorização dos atributos da feminilidade passa por uma identificação com ideais construídos nessa época e conferidos à dama: a pureza, a beleza, a dignidade etc.

O interessante a ressaltar é que os ideais da feminilidade surgem ligados a uma figura — a dama —, cujo erotismo é denegado, submerso sob as insígnias de valor. Travestida assim, a mulher resta inacessível; a queda do velamento lhe destituiria, justamente, daquilo que a faz ser o que é aos olhos do poeta. Véu de valor simbólico, inscrição significante da falta-a-ser da mulher na dama.

Podemos inferir ainda que se Lacan escreveu os dois termos "homens damas" lado a lado, sem separação, isso demonstra que a relação entre eles estava em questão. Relação que, como já indicamos, anos mais tarde ele vem a dizer que não existe, que se situa no registro do impossível, assim como o são as damas para os poetas do amor cortês.

Retornando ao texto "A instância da letra no inconsciente", Lacan se propõe — nas considerações que seguem ao ideograma — a intervir no antigo "debate nominalista" para indicar a prevalência do significante e de seus efeitos de significação, no lugar em que, classicamente, se suporia uma simples duplicação nominal. De forma breve, poderíamos afirmar que — com base no suporte da diferença sexual — o autor critica a noção de realidade, constituída por dados objetivos (a anatomia, por exemplo) que seriam nominados por representantes simbólicos (os significantes homem e mulher), e apresenta a proposição de uma materialidade interna à linguagem. Isso se demonstra, primeiro, pela substituição que ele realiza da diferença anatômica pelas portas de banheiro idênticas. E, segundo, pela troca dos termos homens e mulheres por homens e damas, desnaturalizando, assim, o próprio significante.

Fica evidenciado, então, que "diferença" é uma noção simbólica, uma operação lógica, criada pela incidência do significante. Se um significante é diferente do outro — *homens* e *damas*, por exemplo —, isso não se deve a uma realidade externa à linguagem. Mesmo que se diga "há *homens* e *homens*", já está marcada uma diferença. Ou seja, há um Real presente na própria linguagem e que constitui o referente da diferença. Lacan denomina de *letra* a diferença material entre significantes cuja incidência sobre a "realidade" promove efeitos de significação.

As considerações de Lacan afetam, como dissemos, a lingüística; afetam notavelmente também a psicanálise. Ele apóia-se em Freud, que já descrevera e demonstrara os jogos de linguagem presentes nas formações do inconsciente. Porém, há, nesse passo de Lacan, uma ruptura com o pressuposto de que o referente da linguagem se encontra em outro lugar — na filogenia, na biologia etc. — que não nela própria. A *letra* é a parcela do Real que está presente na linguagem e que resiste à simbolização. Ela dirige o encadeamento dos significantes, produzindo compulsão à repetição.

A *letra* é, portanto, pulsional. Tratá-la como materialidade da linguagem é situar a presença do corpo — da pulsão — no discurso. É, também, indicar a insuficiência do sistema simbólico. Tal é a verdadeira castração, o que Lacan designará como castração simbólica: de que há um furo na linguagem, de que há falta de *ao menos um* significante. Tal falta é necessária para que a significação — e, portanto, o desejo — possa se produzir.

Em um texto de 1967, "Pequeno discurso aos psiquiatras", Lacan assinala que a principal descoberta da psicanálise é a do "*escamoteamento simbólico*... do órgão da copulação, a saber, aquilo que, no real, é o melhor destinado a dar a prova de que existe um que é macho e outro que é fêmea". Isso significa reintroduzir a anatomia como referente da significação? Não nos parece ser esse o caso. A anatomia não é do Real e sim da ordem da realidade, tal como a ciência a define. O que está em causa na afirmação de Lacan é a impossibilidade de encontrar-se no simbólico um significante capaz de fazer a significação das funções sexuais consistirem. Um significante que, legitimamente, pudesse encontrar, no simbólico, uma correspondência à posição da *letra* no inconsciente.

Nem por isso os humanos são menos demandados a responder como sujeito pela significação sexual. Pelo contrário, a resposta — confissão ou declaração do sexo —, impossibilitada de ser proferida no simbólico — os significantes homem e mulher são insuficientes uma vez que correspondem à anatomia e não à posição da *letra* —, é convocada como ato. Assim, é pelo ato que o sujeito responde à injunção que o retorno de sua própria palavra — enquanto palavra sexuada, isto é, marcada pela insistência da *letra* — provoca. Ele revela aí sua face significante permitindo que algo do sexo se subjetive, ao inscrever singularmente um sujeito no lugar da impossível escrita da relação sexual.

A iniciação sexual do púbere inscreve essa condição subjetiva. Atribuímos normalmente à maturação do organismo o afã sexual dos jovens. Sabemos, contudo, pela psicanálise, que as reações corporais são sobredeterminadas pelos registros psíquicos — simbólico, real e imaginário. A assunção subjetiva da condição de procriação não é algo simples de ser realizado. Implica a máxima redução do corpo e de seus produtos à função significante. Isso coloca o sujeito diante de dois registros antagônicos, mas suplementares: o amor e a morte. Tanto Freud como Lacan vêem nesses termos os gozos organizadores da sexualidade. O amor, *Eros*, visando à unidade; a morte, *Thanatos*, à disjunção.

Sexuação e enunciação

Gostaríamos de retornar agora a nossa questão inicial: quais são as condições para que alguém possa afirmar verdadeiramente "eu sou homem" ou "eu sou mulher"? Para avançar sobre essa questão a partir das contribuições de Freud e Lacan sobre o tema da diferença sexual, recorremos novamente ao quadro de Magritte — *A traição das imagens*. A imagem do cachimbo acompanhada da frase "Isto não é um cachimbo" é a expressão de um paradoxo. Como vimos, a não correspondência entre imagem e palavra é um dos alicerces da própria psicanálise. Mas e se o paradoxo se expressa entre a palavra e sua enunciação? Esse é o caso clássico do paradoxo do mentiroso: que alguém possa afirmar, verdadeiramente, "eu minto". Como decidir a verdade ou a falsidade de uma proposição enunciada desse modo paradoxal?

O lógico e matemático Bertrand Russell dedicou sua obra à tentativa de resolver esse problema, elaborando a lógica das classes. Sua tentativa, no entanto, foi malograda. Em 1931, o matemático Kurt Gödel enunciou o teorema sobre a indecidibilidade (ou teorema da incompletude) dos sistemas lógicos. Essas teorias não serão desenvolvidas aqui, citamo-las apenas porque comportam um importante diálogo para Lacan. Elas vão permitir que ele elabore, no recurso à lógica, o princípio da castração simbólica que já enunciamos: que há pelo menos um significante que falta no Outro. O que Gödel prova, em síntese, é a impossibilidade de um dado sistema lógico — composto de um número limitado de enunciados — comprovar a veracidade de todas as suas premissas. Haverá, sempre, ao menos uma proposição — um axioma — que será "não decidida" quanto a sua veracidade. Isso significa que, para que um dado sistema lógico funcione, é preciso que se acredite, sem que se possa provar, em pelo menos um de seus axiomas.

No caso do paradoxo do mentiroso, o conteúdo do enunciado e a pretensão de verdade inerente ao ato de proferi-lo se anulam mutuamente. Normalmente, incluímos um lapso temporal para solucionar a dificuldade. Assim, mantemos intacta a intenção de verdade presente no dizer, atribuindo a um outro tempo a mensagem expressa. É uma artimanha da razão por não suportar a contradição. Por isso, o quadro de Magritte nos parece tão eloqüente ao fixar, pela imagem, o efeito paradoxal no tempo presente: em si, a imagem do cachimbo e a frase "isto não é um cachimbo" são duas unidades lógicas consistentes, se fizermos uma corresponder à outra estamos diante do impasse. Ao tentar provar a verdade de um dos dois termos do paradoxo, ou bem temos de recorrer a um outro enunciado, e deste a outro, em um deslizamento metonímico que tende ao infinito; ou bem se fica indefinidamente no jogo do paradoxo.

Uma outra ilustração desse problema se relaciona com nosso tema. Trata-se de uma parábola proposta por Russell: em um povo afastado da civilização são malvistos os homens que usam barba. Nesse povo há apenas um barbeiro que faz a barba de todos os homens que não a fazem por si mesmos. Podemos, então, separar os homens em dois conjuntos: aqueles que vão ao barbeiro para fazer a barba e aqueles que a fazem por si mesmos. Em qual desses conjuntos está o barbeiro?

É um paradoxo lógico, mas podemos também escutá-la como um chiste. Se para ser homem é preciso cortar a sua própria barba e não submetê-la a um barbeiro, mas, ao mesmo tempo, é o barbeiro que atribui aos que a ele recorrem o significante homem... Afinal, que espécie de homem é esse barbeiro? Eis aí o verdadeiro macho ou, diria Lacan, a Mulher!

Anos após a primeira versão do quadro sobre o cachimbo, Magritte elabora outro, intitulado *Les deux mystères*, em que o paradoxo aparentemente se resolve. Há um quadro dentro do quadro no qual se encontra o cachimbo que se afirma não ser um cachimbo, cópia imperfeita do verdadeiro cachimbo que paira incólume externo ao quadro.

Será? Afinal, se olharmos bem, esse cachimbo é tão cachimbo quanto o primeiro; ele também está dentro de um quadro, também participa do jogo de ilusões enganosas. O que não temos duplicado é a frase. Cabe a nós, espectadores, convertidos em atores, dizê-la: "Isto é ou não um cachimbo?"

Podemos nos valer dessa versão do quadro de Magritte para ilustrar a forma como Lacan resolve o impasse. Pois é necessário que se diga que a psicanálise resolve o paradoxo da lógica. Se alguém diz "eu minto", o que decidirá se ele está realmente mentindo ou dizendo a verdade, se ambas alternativas se desmentem mutuamente? Lacan assinala: "Eu, a verdade, falo." A verdade está no ato de fala e não no conteúdo do enunciado. É o sujeito da enunciação que em psicanálise situa o lugar da verdade; verdade que será sempre semi-dita, pois não há significante que possa significá-la inteiramente.

O dizer do ser sexuado sobre seu próprio sexo é da mesma ordem do problema apresentado. Em um determinado momento de seu ensino, Lacan define o falo como um significante particular, um significante assemântico que, à diferença dos demais significantes, se reduziria à função de significação. Seria, pois, o correspondente simbólico do objeto da pulsão, sua inscrição como falta. Ele acompanha, assim, a solução de Russell que, buscando resolver o paradoxo da lógica, sustenta que a existência de uma classe vazia — o número zero — é suficiente para servir de referente e resolver a contradição. Dito de outro modo, se há um *ponto zero* da sexuação, um nome que corresponda ao objeto e que possa fazer todos os demais se medirem a ele, então, *ser homem* ou *ser mulher* responde às incidências relativas desse termo. Passividade ou atividade, em relação à libido; fálico ou castrado, em relação ao falo. A resolução monoteísta, falocêntrica, apela a essa *crença no Um*, ou *crença no ponto zero*. Lembremos que o ateísmo é uma de suas expressões.

O falo, nesse sentido, comporta uma ficção de completude entre os sexos. Tal como no mito platônico — referido por Freud em "Além do princípio de prazer" — a relação dos sexos se inscreve como busca pelo encontro da metade perdida. Crença necessária ao sistema simbólico, diria Gödel, porém inconsistente.

A partir de um determinado momento de suas elaborações, Lacan passa a adotar essa mesma posição. Isso implica considerar que as leis da lógica — leis da segregação urinária —, que constituem o campo de referência das representações, são fundadas na crença da existência do conjunto de todos os significantes (o Outro). Nesse conjunto há um significante — o falo — que simboliza o desejo. Essa crença é fundamental à neurose; ela constitui o registro fálico regulado pelas leis da linguagem, metáfora e metonímia. O que o neurótico desconhece é que há uma falha, intransponível, nesse registro: é ela que torna possível o exercício da pulsão, a inclusão do corpo e do Outro como alteridades à representação.

Estamos, pois, falando das condições de emergência do inconsciente tal como Freud o percebeu na segunda tópica: não como uma supra-racionalidade ou metalinguagem, mas como *Isso*. Em relação à diferença sexual, os desenvolvimentos de Lacan concernentes ao Outro sexo e ao gozo

Outro visam à consideração desse registro de alteridade na consideração das posições sexuadas.

Prazer, gozo ou amor?

A psicanálise precisou passar por sua própria revolução kepleriana. Freud, como ele mesmo reconhece, acompanhou Copérnico ao demonstrar que não era a Terra, mas sim o Sol a referência da rotação celeste. Deslocamentos equivalentes: da racionalidade egóica ao desejo inconsciente. Coube a Lacan um passo a mais, como Kepler, que desvelou a elipse onde se supunha o círculo. Sem centro, o movimento é regulado pelo ponto de fuga, pela queda. Como na topologia barroca — desprovida de referentes especulares —, os significantes seguem rota própria, orientados não pelas ficções de sentido, mas pelo inapreensível objeto causa de desejo. Ponto de fuga em um referente infinito; ponto de queda na construção do sentido.

A produção de sentidos é estruturante da neurose, assim como o é a referência ao falo. Quando o neurótico pergunta-se "Serei eu homem?" ou "Serei eu mulher?" — mesmo que sua pergunta não seja pautada pela correspondência à anatomia —, ele se engana. Isso porque ao enunciar tal dúvida, ele denuncia a crença na identidade sexual, que jamais dirá respeito à posição de enunciação do sujeito inconsciente. A construção de uma identidade homem ou mulher é produção sintomática da neurose. O sintoma visa suplantar o furo estrutural; ele tenta produzir uma analogia, impossível, entre real e simbólico.

Lacan denomina essa busca pelo sentido de gozo fálico. Sua expressão subjetiva é o amor. Como Freud já indicara, o amor visa à unidade, ele se pauta pela miragem do *fazer Um*. É nesse sentido também que ele corresponde ao narcisismo: a constituição de uma unidade egóica comporta essa ilusão de completude com o Outro. Que os dois sexos possam ser complementares no amor diz respeito à ilusão narcísica de reciprocidade. Do ponto de vista da psicanálise, diríamos antes — com Lacan — que o amor é suplementar à falta do gozo sexual. Mesmo que seja uma crença enganosa, poder amar é uma decorrência da castração. É, de alguma forma, um *deixar-se enganar*. Como escreve, poeticamente, Lacan: "Amar é dar o que não se tem a quem não o quer."

Acreditar que homens e mulheres constituam identidades complementares é, portanto, correlativo da ilusão que torna o amor um dos possíveis destinos da castração. O problema é que, ao crer-se em demasia, suporta-se pouco a queda das certezas. A identidade sexual é frágil; as vicissitudes da vida — o casamento, a maternidade e a paternidade, as mudanças do esquema corporal que a idade acarreta etc. — estão constantemente a nos demandar provas de nossa consistência identitária. Pode-se passar a vida buscando encontrar o outro complementar que, pelo amor, garantiria a identidade. Alguns casais dão provas desse encontro e optam por assegurar-se mutuamente até o fim de seus dias. Culturalmente, essa é a resposta estética à falta de sentido da vida — castração simbólica — que mais apreciamos.

A morte é outra expressão do encontro/desencontro entre os sexos. Ela também é uma crença — como muito apropriadamente indica Freud —, posto que da morte não temos a experiência. O registro que fazemos é sempre o da perda do outro. Mas, nesse sentido de perda, a morte é antes uma fantasia de união, atinente ao amor. Há, no entanto, um empuxo — uma força motriz — que nos conduz, enquanto seres sexuados, ao aniquilamento. Freud o denomina de pulsão de morte. Sua direção não visa à produção de sentido. O que pauta seu curso Lacan denomina de gozo. Trata-se, antes, de um retorno: a pregnância do estado primitivo de objetalização, de alienação absoluta ao Outro. É, pois, do gozo do Outro que se trata na pulsão de morte, posto que ao sujeito cabe apenas *fazer-se objeto*.

Essa faceta da relação entre sexos constitui o eixo principal da fantasia que promove o prazer sexual. Seja na identificação à posição de domínio ou à posição da submissão — a fantasia sadomasoquista agenciada pela reunião entre *Eros* e pulsão de morte — determina o desempenho de papéis sexuais definidos previamente pelo esquema. Nas rupturas das identidades amorosas, são as máscaras do gozo que os humanos se aprazem em utilizar.

Como demonstramos, o *ser sexuado* passa, também, pelo suporte dessa máscara; as condições de obtenção de prazer no sexo sendo determinadas pela forma como se supõe fazer o Outro gozar do seu corpo. Na passividade comum a ambos os corpos, instrumentalizados no sexo, o prazer manifesta-se como suplência a interditar esse gozo. Separação do objeto *a* nos fluídos corporais ejetáveis e reintegração do sujeito à condição de domínio. As identidades são pouco afeitas ao exercício sexual; nesse terreno comportam — no máximo — a identificação com o objeto ao qual, no fim, vêem o ato reduzido.

A expressão de um gozo Outro, denominado assim por Lacan ao referir-se aos modos de *sexuação* suplementares ao gozo fálico. Seria um gozo específico da mulher, no sentido da alteridade que elas alegoricamente constituem — uma a uma — à ficção do Um. No lugar da unidade fálica, o infinito deslizamento da *letra* pulsional. Na cultura, a produção dos místicos seria a expressão dessa forma de gozo. A possibilidade de constituição de um registro e transmissão da posição da *letra* no inconsciente que dispense a máscara das identidades é o que os escritos desses autores nos testemunham. Por isso, seu caráter de produção é suplementar ao registro fálico e traz a marca de uma produção singular. O gozo Outro é, assim, o que mais nos aproxima da possibilidade da constituição de uma inscrição singular da enunciação que, sendo sexuada, dispensa o recurso às identidades sexuais.

O sexo no olhar da ciência

No texto "Psicogênese de um caso de homossexualidade feminina", de 1920, Freud descreve o caso de uma moça que ele recebeu para atendimento a pedido de seus pais. A queixa provinha do excessivo apego à companhia demeritória de uma mulher mais velha e de reputação duvidosa. Mesmo assim, a jovem não se abstinha em exibir-se socialmente junto a essa mulher, por quem demonstrava uma verdadeira adoração. Além disso, a censura do pai a tal comportamento havia provocado uma tentativa de suicídio, com ela atirando-se de uma ponte sobre os trilhos de um trem.

Freud a toma em tratamento apesar das circunstâncias não serem muito propícias: não havia da parte da paciente uma queixa que motivasse o início de um trabalho de análise, algo que a dispusesse a engajar-se na transferência. Trata-se, diga-se de passagem, de um elemento bastante comum com o qual os analistas de crianças e adolescentes têm de lidar em suas clínicas. Geralmente, é preciso um trabalho prévio para situar, a partir da demanda dos pais, qual é a questão do paciente propriamente dita.

Nesse caso apresentado por Freud, porém, há um elemento de dificuldade a mais. Ele nos expõe sua dúvida de que tendências homossexuais possam ser objeto de um tratamento analítico. Isto é, se há nessa escolha de objeto "invertida" — como ele chama e como na sua época se convencionou denominar — uma estrutura sintomática passível de análise, ou trata-se antes de um dos destinos possíveis de nossa bissexualidade constitutiva.

Tal observação, evidentemente, não impede que Freud, e depois Lacan, se debrucem sobre o material das sessões apresentado no caso, demonstrando as particularidades da constituição e do destino libidinal da jovem. É possível perceber nesse caso clínico o quanto tal escolha de objeto homossexual foi decorrente de uma determinada vivência edípica e sobredeterminada por ela. A questão dirigida à análise não seria tanto a inversão na escolha do objeto — elemento da queixa parental —, mas a expressão conflituosa e atuada de um sofrimento relativo à forma como aquela menina fora subtraída da circulação fálica em sua família. A promessa edípica do dom feita pelo pai não chegara até ela.

Aqui é importante ressaltar o quanto Freud é audaz nesse deslocamento da questão e o quanto isso ainda hoje nos ensina sobre a direção de um tratamento analítico. Além disso, em relação ao nosso tema, ele apresenta, ao fim do texto, uma distinção de três níveis de análise para situar a constituição de uma identidade sexual. São eles: identidade psíquica (atividade/passividade); escolha de objeto; e caracteres sexuais anatômicos. Freud afirma a independência entre esses três termos, isto é, que não há uma determinação mútua, nem uma prevalência de algum sobre os demais. Trata-se de uma posição extremamente ousada e inovadora no campo da sexualidade. Até hoje.

Por outro lado, como vimos, mesmo que já possamos encontrar nisso as bases para relativizar o pênis como falo e a castração como temor — portanto, como representação psíquica e não dado natural —, o apelo explícito à anatomia (presente em alguns de seus textos e que persiste em certos ramos da psicanálise contemporânea) na definição dos destinos psíquicos não deve deixar de nos fazer questão. Nesse ponto, aliás, é preciso lembrar: Freud não está só, ele compartilha da opinião corrente em sua época. Ou melhor: ele expressa o pensamento do século XIX no auge da ebulição, nos anos 1920, de um novo paradigma, próprio a esse novo século.

Acreditamos que a intensa implicação de Freud com o discurso da ciência do fim do século XIX tem algo a ver com isso. De alguma forma, para esse discurso, a questão da diferença anatômica entre os sexos era uma premissa necessária e fundamental. A pergunta que permanece, então, é: por que a ascensão da ciência moderna incidiu, em termos políticos, diretamente sobre o sexo e de que forma a diferença anatômica serviu de argumento último para justificação de seus princípios?

Sabe-se, por exemplo, que os termos "hetero" e "homossexualidade" são criações taxonômicas do século XIX, assim como os catálogos das "perversões sexuais". Vale lembrar também que, mesmo que as mulheres e os homens tenham historicamente — e até pouco tempo atrás — ocupado lugares sociais bastante distintos, não se atribuía à anatomia, ao desempenho sexual ou às preferências eróticas essa diferença. Fazer corresponder ao sexo anatômico, e ao exercício sexual, o lugar e a função social de cada um é um traço próprio à modernidade. É nesse período, historicamente circunscrito, que o pênis efetivamente se confunde com o falo.

Em um número recente da revista *Isto é*, encontramos uma confirmação chistosa (se não fosse verdadeira) do enlace político entre discurso científico e diferença anatômica. Pode-se ler na publicação que o reitor da Universidade Harvard declarou que as mulheres têm mais dificuldade de aprender disciplinas científicas se comparadas aos homens. Para o reitor, haveria uma diferenciação inata entre os sexos que explicaria o menor número de mulheres cientistas. É muito curioso que em pleno século XXI uma figura de autoridade possa, aparentemente sem constrangimentos, afirmar dessa maneira seu preconceito e produzir, com base em uma argumentação científica, um sofisma segregacionista. Não parece casual que seja uma autoridade na ciência que se valha desse discurso para justificar suas palavras.

Cabe lembrar, em relação à ciência, que — como Lacan indica — ela se constitui como saber pela foraclusão do lugar da verdade. Essa expressão, cunhada por Lacan, indica que os enunciados científicos se fundamentam pela exclusão do sujeito da enunciação; ele é pressuposto, mas não pertence ao campo próprio desse discurso. Assim, o discurso da ciência se estabelece como "reino do enunciado", dirigido pela premissa da objetividade. Há uma cisão estrutural entre o que é dito e aquele que o diz, entre saber e verdade.

O que é particularmente interessante é que, no discurso da ciência moderna, a foraclusão do sujeito da enunciação retorna pela posta em causa do sexo, como demanda de significação sexual. Dito de outro modo, a necessária exclusão do sujeito da consideração científica — foraclusão que é o fundamento desse discurso — é correlativa ao estranhamento do sujeito em relação às funções sexuais. Ao buscar responder pela significação apoiando-se na anatomia, o sujeito repete — de forma ativa — a exclusão promovida pelo discurso. No lugar de responder pela sua posição no desejo, aponta para a anatomia: "Eu sou homem", "eu sou mulher".

Assim, não é de estranhar que a ciência, ou melhor, que os cientistas tentem dar conta da ausência de significação recorrendo a uma suposta objetividade da anatomia (ou mais recentemente da genética). Novamente, o sujeito da enunciação é elidido, situado em uma posição de exterioridade em relação a um corpo delegado pelo Outro; corpo cujo destino viria traçado pelos desígnios da diferença anatômica. Como se o reitor da Universidade Harvard dissesse: sou reitor dessa importante universidade e justifico minha posição de autoridade pelo fato científico, objetivamente demonstrado pela anatomia, de que sou homem.

Um ponto importante ainda a considerar é que a dita "objetividade" científica denota uma determinada posição do olhar na produção de um saber sobre o sujeito. Novamente, é no trabalho de Foucault que encontramos apoio para abordar essa questão. O discurso científico da anatomia, e a produção de significação a que ele visa, se pauta, segundo o autor, pelo seguinte postulado: "Todo o *visível é enunciável* e é *inteiramente* visível, porque é integralmente *enunciável*." Há entre o olhar e o dizer uma íntima articulação que comanda o discurso da ciência, produzindo, a um só tempo, exclusão do sujeito e significação sexual. Trata-se de uma significação externa ao sujeito: um saber universal ao qual cada ser sexuado busca se adequar; saber instrumental que organiza jogos de poder, reduzindo o sujeito à condição de objeto de seu gozo.

A apresentação do discurso da ciência como forma de organização de poder é trabalhada por Foucault a partir da referência histórica de seu surgimento. Segundo o autor, é possível identificar no século XVIII uma transição entre duas formas distintas de organização: do poder soberano ao poder disciplinar. Essa modificação é contemporânea da instalação do que ele denominou "dispositivo da sexualidade", referindo-se à inscrição na cultura de um circuito discursivo articulado pela conjunção entre corpo, saber e poder. Esse dispositivo se expressa tanto como intensificação do prazer, como pela produção de saber, verdade e domínio das/nas manifestações corporais/sexuais.

É importante salientar que, segundo o autor, mesmo que haja efetivamente passagem da predominância de uma estrutura de poder à outra, ambos os dispositivos encontram-se presentes nos períodos históricos que antecedem e que sucedem essa transição, ambos têm lugar e função social sob a dominância do modelo oponente. Na época em que o dispositivo da soberania prevalecia, o poder disciplinar era exercido dentro das organizações religiosas. Já no poder disciplinar, as famílias constituem pequenos reinos de exercício do poder soberano. O lugar do pai na estrutura familiar moderna equivale à posição do soberano. O desenvolvimento das disciplinas e suas especialidades — pedagogia, psicologia, criminologia etc. — termina por invadir também o espaço doméstico, colonizando os usos do corpo na família. Um dos resultados dessa combinação de ambas as formas de exercício de poder será, justamente, o engendramento do dispositivo da sexualidade.

Sob o domínio das disciplinas, a conjunção entre poder e saber é regulada, sobretudo, pelo olhar. O modelo com o qual Foucault dialoga é o *Panóptico* de Jeremy Bentham. Em 1787, este filósofo, fundador do utilitarismo, escreve, em uma série de cartas ficcionais, um projeto que pretende revolucionar a forma de governo e suas instituições. A construção denominada *panóptico* consiste em uma estrutura arquitetural que realiza o princípio do *ver sem ser visto*. Prédio de forma circular, o dispositivo é organizado em torno de uma torre central, de onde o inspetor e sua família vigiam os habitantes de cada uma das celas dispostas ao redor. Sob o olhar onipresente do vigia, os prisioneiros, os doentes, os loucos, os alunos e as virgens podem ser controlados da forma mais eficiente e eficaz possível (o melhor resultado com o mínimo de desperdício, princípio do utilitarismo).

Concebido originalmente como modelo de prisão — que Bentham prefere chamar de casa de vigilância —, ele tem seu uso ampliado para hospitais, hospícios, escolas e pensionatos. Em cada um desses casos, o filósofo demonstra a efetividade de todo um sistema de disposição dos corpos, iluminação, aquecimento, evacuação etc. baseado no princípio da máxima visibilidade dos sujeitos — dispostos fisicamente um a cada cela — e da invisibilidade daquele que olha. Porém, acrescenta o autor, não se trata de um sistema de espionagem. É peça imprescindível ao bom funcionamento do dispositivo que aqueles que são vigiados o saibam, mais ainda, tenham certeza de estarem sendo olhados. Por isso, a invisibilidade do olhar do vigilante, nesse caso, é para garantir essa certeza e não para dissimular sua presença. Além disso, quem ocupa o lugar do vigia é absolutamente arbitrário. Bentham assinala que, de forma ideal, a torre central deveria ser aberta à visitação pública para que qualquer um que quisesse pudesse ocupar o posto. Isso permitiria, igualmente, que o vigia do momento tivesse sua própria atividade vigiada. Em síntese: todos e qualquer um estão sempre do lado do indivíduo-corpo vigiado, a invisibilidade do olhar é correlativa do anonimato do sistema de controle, o que garante a sua máxima efetividade.

O modelo panóptico, proposta política formulada no século XVIII, tem plena vigência entre nós. Das ficções apocalípticas de George Orwell às diversões televisivas do tipo *Big Brother*, estamos efetivamente sob o domínio do olhar. Em todo caso, seu poder midiático está em nos assegurar um sentido à vida, em nos proteger da melancolia do anonimato. A suposição do olhar do Outro delega um lugar no seu desejo, isto é, atribui valor fálico àquele que se vê sendo olhado.

Se retomarmos os textos freudianos das décadas de 1920 e 1930 — textos nos quais ele apresenta a formulação teórica da fase fálica e do complexo de Édipo —, destaca-se o fato de que a verdadeira primazia designada por Freud é a primazia do olhar. Sob o pano de fundo da crença na universalidade do falo, a instalação do complexo de castração é fruto de uma constatação, de um "testemunho ocular" do sujeito. O pênis é o falo porque é visível e se o sexo feminino faz enigma, representando na fase fálica a castração, é porque ele não se dá a ver.

Da mesma forma, o repúdio perverso da castração é inicialmente nomeado por Freud como um processo de *escotomização*, isto é, uma cisão do olhar que indica uma recusa a ver. Porém, o mais interessante, é a substituição que o psicanalista propõe, em 1923, da hipótese dos "Três ensaios para uma teoria sexual" sobre a origem da sexualidade. No texto de 1905, Freud indicou a pergunta "De onde vêm os bebês?" como a questão que despertaria a criança para a sexualidade. Em resposta a essa questão é que a cena primária se estabelece como base para todas as teorias sexuais infantis. No texto "Algumas conseqüências psíquicas da diferença anatômica entre os sexos", Freud retifica essa sua posição, propondo que, pelo menos em alguns casos, e sobretudo para as meninas, é a constatação da diferença sexual anatômica que propicia essa entrada da criança na sexualidade.

As decorrências dessa observação não são explicitadas pelo autor, tampouco o que exatamente as motivou. O fato é que ela indica que a constatação da diferença anatômica tem relação — de deslocamento ou de substituição — com a fantasia da cena primária. Em ambas o organizador é um mesmo elemento: o olhar. Na cena primária, a posição de exterioridade do sujeito que olha situa um tempo do exercício da pulsão escópica no qual o sujeito goza da exclusão. Já na constatação da diferença anatômica a partir da visão da ausência do pênis — em si próprio ou no outro —, o sujeito está irremediavelmente incluído no jogo de ausência e presença. A angústia de castração é efeito dessa inclusão na cena, do retorno do olhar sobre o sujeito.

A partir dessas colocações o que gostaríamos de avançar no diálogo com Foucault é que as articulações entre sexo e poder, assim como entre poder soberano e poder disciplinar, colocam em causa, do ponto de vista da psicanálise, dois operadores: o falo simbólico como pressuposto discursivo e o olhar como exercício pulsional. Dessa articulação, temos as diferentes configurações do poder e do sexo: a sua sobreposição, a sua mútua alienação.

Essa articulação não é nova: reconhece-se aí o modelo proposto por Lacan no *Estádio do espelho* — falo e olhar como instâncias do Outro que permitem à criança a constituição da fantasia, a sobreposição entre falta no corpo e falta no discurso. O que a leitura de Foucault nos permite compreender é como, efetivamente, esse laço fantasístico constitutivo do sujeito tem, na história da cultura, variações possíveis, transformações que tocam a relação entre corpo e significante, entre pulsão e discurso. As diferentes organizações políticas — assim como o inconsciente — podem ser representadas topologicamente, da mesma forma que Bentham expressou, por meio do *panóptico*, os princípios de sua filosofia política.

Não há, pois, nenhum suporte natural nesse domínio. Toda política é corporal e todo corpo é político. Nesse sentido, que a presença ou a ausência do pênis tenha situado, na modernidade, posições fixas no laço social é bastante compreensível. A perda desse centramento, desse referente único da diferença, conduz ou é resultado de novas formas de articulação corpo-poder: as expressões do racismo o atestam. Elas são tão maléficas quanto a segregação entre os sexos. Não há medida de valor possível para o "menos pior" nesse caso. O que se pode pensar como sendo um avanço de nosso tempo é a possibilidade de estabelecer uma separação entre olhar e falo, a partir da qual — tornados independentes um do outro — sua necessária associação pode assumir configurações diversas.

Na teoria psicanalítica encontramos um movimento semelhante. Tanto para Freud como para Lacan, o complexo de Édipo é uma estrutura de báscula, uma operação de passagem que conduz o sujeito do registro pulsional à constituição de uma significação fálica. Lacan, porém, no Seminário sobre a *angústia*, formula a distinção entre *objeto a* e falo, com solução de continuidade entre ambos. É essa distinção que lhe permitirá constituir um trabalho clínico que não esbarre, como pressupunha Freud, na "rocha da castração". O que lhe permite fazê-lo é, entre outras coisas, a construção de uma concepção de identificação relativa à lógica significante e não pautada pelo signo. Isto é, como demonstramos, que o referente das identidades sexuais é interno à linguagem e está em causa a cada enunciação.

Destacar a identificação em psicanálise como relativa ao significante incide diretamente na forma de consideração da significação e do referente fálico. A identificação ao significante não assegura ao sujeito nenhuma significação *a priori*; seu efeito é de inclusão do sujeito em uma cadeia de deslizamento metonímico. Nesta, a pulsão incide como repetição, o que não é suficiente, contudo, para constituir *ponto de basta*, ou efeito de significação. Trata-se antes da insistência da *letra*, de um ponto do Real, ou d'*Isso* que não cessa de não se escrever.

Se retomarmos, assim, as identificações edípicas propostas por Freud, elas também não asseguram ao sujeito nenhuma significação. Os significantes da identidade sexual situam, imaginariamente, no romance familiar, as figuras do pai e da mãe, do homem e da mulher. Outra coisa é a construção singular de uma versão do impossível da relação sexual. A isso denominamos, com Lacan, travessia da fantasia: tarefa que cabe a um percurso de análise e na qual a ordem da sexuação situa os registros de gozo e castração que a posição da *letra* permite a cada um.

Referências e fontes

Os textos de Freud foram consultados nas *Obras completas* da tradução espanhola (Editora Biblioteca Nueva, 1973).

- p.9: A revista *Veja* mencionada é a edição de número 1.888, de 19 de janeiro de 2005. A reportagem encontra-se na página 76.

- p.10: A expressão de Maria Rita Kehl é título de seu livro *A mínima diferença: masculino e feminino na cultura* (Rio de Janeiro, Imago, 1996).

- p.15 e p.63: O trabalho de Foucault, citado nos capítulos *A anatomia como destino* e *O sexo no olhar da ciência*, refere-se aos livros: *História da sexualidade* (Rio de Janeiro, Edições Graal), *Vigiar e punir* (Petrópolis, Vozes, 1996, 13ª ed.), *O nascimento da clínica* (Rio de Janeiro, Forense Universitária, 1994) e *O poder psiquiátrico* (São Paulo, Martins Fontes, 2006).

- p.25: A citação de Simone de Beauvoir encontra-se no livro *A família em desordem*, de Elisabeth Roudinesco (Rio de Janeiro, Jorge Zahar, 2003).

- p.43: O trecho citado foi retirado de *O seminário*, livro 20, *Mais, ainda*, de Jacques Lacan (Rio de Janeiro, Jorge Zahar,

1985). Esse seminário foi também o texto de referência na elaboração do capítulo *Prazer, gozo ou amor?*

• p.46: O ideograma apresentado nessa página encontra-se publicado em *Escritos*, de Jacques Lacan (Rio de Janeiro, Jorge Zahar, 1998, p.502). Note-se, no entanto, que há um erro: na tradução brasileira encontramos os termos "homens mulheres", enquanto no original francês (*Écrits*, Paris, Seuil, 1966) os termos utilizados por Lacan são "*hommes dames*".

• p.49: O texto de Lacan "Pequeno discurso aos psiquiatras" não tem tradução em português. A citação foi obtida no livro *Marguerite ou a "Aimée" de Lacan*, de Jean Allouch (Rio de Janeiro, Companhia de Freud, 1997, p.336).

• p.51: O trabalho de Russell, referido no capítulo *Sexuação e enunciação*, pode ser encontrado na Coleção *Os pensadores* (São Paulo, Editora Abril, 1980). O livro *Bertrand Russell em 90 minutos*, de Paul Strathern (Rio de Janeiro, Jorge Zahar, 2003), também é uma leitura agradável, concisa e rigorosa sobre a obra do matemático.

• p.61: A revista *IstoÉ*, edição número 1.841, de 26 de janeiro de 2005. A reportagem encontra-se na página 21.

• p.64: *O panóptico*, de Jeremy Bentham (Belo Horizonte, Editora Autêntica, 2000) foi citado no capítulo *O sexo no olhar da ciência*.

• p.69: O trecho citado foi retirado de *O seminário*, livro 10, *A angústia*, de Jacques Lacan (Rio de Janeiro, Jorge Zahar, 2005).

Leituras sugeridas

Além dos textos e obras referidos ao longo do trabalho, os quais recomendo vivamente, sugerimos a leitura de *O seminário*, livro 5, *As formações do inconsciente*, de Jacques Lacan (Rio de Janeiro, Jorge Zahar, 1999), no qual o autor apresenta a sua leitura dos três tempos do Édipo. O trabalho de Gérard Pommier, *A ordem sexual* (Rio de Janeiro, Jorge Zahar Editor, 1992), também ajuda na atualização lacaniana do complexo de Édipo. Sugiro fortemente a leitura do brilhante trabalho de Collet Soler, *O que Lacan dizia das mulheres* (Rio de Janeiro, Jorge Zahar, 2005).

Outro livro bastante importante na atualização das questões abordadas é *A família em desordem* (Rio de Janeiro, Jorge Zahar, 2003), de Elisabeth Roudinesco. É um trabalho que ajuda a situar as implicações sociais, políticas e subjetivas da tomada de posição dos psicanalistas sobre o tema da diferença sexual. O livro de Jean Allouch, *Le sexe du maître* (Exils, 2001), infelizmente apenas disponível em francês, também é uma ótima leitura crítica e rigorosa da diferença sexual na psicanálise.

Os artigos "Segregação urinária", "Sexo e poder: um diálogo com Michel Foucault" e "A Medusa e o gozo: uma leitura da diferença sexual em psicanálise", de minha autoria, expressam a elaboração preliminar do que apresento aqui neste livro. O primeiro encontra-se publicado na revista de número 27 da Associação Psicanalítica de Porto Alegre, dedicada ao tema da diferença sexual. O segundo artigo ("Sexo e poder:...") está publicado no livro *A masculinidade em crise*, organizado pela APPOA. Em ambas as publicações, encontram-se interessantes contribuições sobre o tema da diferença sexual e da masculinidade, tendo sido este último objeto de um congresso realizado em Porto Alegre, em 2004. Já o artigo "A Medusa e o gozo..." está publicado na revista *Agora*, do programa de pós-graduação em teoria psicanalítica da UFRJ.

Sobre a autora

Maria Cristina Poli é psicanalista e professora universitária. Formada em psicologia pela PUC-RS, mestre em filosofia nessa mesma instituição. Fez doutorado em psicologia pela Université Paris 13, em Paris, e pós-doutorado em teoria psicanalítica pela UFRJ. É autora dos livros *O espírito como herança — as origens do sujeito contemporâneo na obra de Hegel* e *Clínica da exclusão: a construção do fantasma e o sujeito adolescente*, além de vários artigos publicados em revistas nacionais e internacionais de psicologia e psicanálise.

Professora adjunta do Instituto de Psicologia e do Programa de pós-graduação em psicologia social e institucional da UFRGS, é pesquisadora do CNPq e coordena, juntamente com Edson L.A. de Sousa, o Laboratório de Pesquisa em Psicanálise, Arte e Política (LAPPAP). É membro da Associação Psicanalítica de Porto Alegre (APPOA).

A autora agradece especialmente aos colegas Ana Costa, Marco Antonio Coutinho Jorge e Simone Rickes pela leitura, pelas críticas e sugestões que fazem do trabalho de escrita uma experiência tão instigante e prazerosa.

Psicanálise **PASSO-A-PASSO**

- **O adolescente e o outro**
  Sonia Alberti
- **Mito e psicanálise**
  Ana Vicentini de Azevedo
- **Sonhos**
  Ana Costa
- **Édipo**
- **Psicanálise com crianças**
  Teresinha Costa
- **Freud: criador da psicanálise**
- **Lacan, o grande freudiano**
  Marco Antonio Coutinho Jorge e Nadiá Paulo Ferreira
- **A sublimação**
  Orlando Cruxên
- **Freud e a religião**
  Sérgio Nazar David
- **O conceito de sujeito**
  Luciano Elia
- **A teoria do amor**
  Nadiá Paulo Ferreira
- **Histeria: o caso Dora**
  Nadiá Paulo Ferreira e Marcus Alexandre Motta
- **A interpretação**
  Laéria Fontenele
- **Freud e a cultura**
  Betty Fuks
- **Política e psicanálise**
  Ricardo Goldenberg
- **A psicose**
  Andréa M.C. Guerra
- **Angústia**
  Sonia Leite
- **Linguagem e psicanálise**
  Leila Longo
- **Para que serve a psicanálise?**
- **A transferência**
  Denise Maurano
- **Depressão e melancolia**
  Urania Tourinho Peres
- **Feminino/masculino**
  Maria Cristina Poli
- **Os outros em Lacan**
  Antonio Quinet
- **A neurose obsessiva**
  Maria Anita Carneiro Ribeiro
- **Arte e psicanálise**
- **Cinema, imagem e psicanálise?**
  Tania Rivera
- **Trauma**
  Ana Maria Rudge
- **A paixão**
  Marcus André Vieira
- **Educação e psicanálise**
  Rinaldo Voltolini